普賢菩薩小百科

目　錄

看啦！普賢菩薩！

早期的普賢菩薩造像——6

普賢菩薩造像的發展與定型——8

藏傳佛教的普賢菩薩造像——13

普賢檔案——認識普賢的44種途徑

●信仰檔案

1　普賢菩薩是誰之子？——16

2　普賢菩薩到底叫什麼名字？——20

3　普賢菩薩是什麼模樣？——22

4　普賢菩薩是釋迦牟尼佛的總護法？——24

5　普賢菩薩是淨土宗初祖？——26

6　普賢菩薩是密教初祖？——28

7　普賢是菩薩還是佛？——30

8　普賢菩薩能增加人的壽福？——32

9　普賢菩薩成了閻王爺？——33

10　普賢菩薩的坐騎白象有來頭？——34

11　普賢菩薩頭戴五佛？——36

12　普賢菩薩手持什麼東西？——38

13　普賢菩薩向釋迦牟尼佛請教了四個什麼問題？——40

14　普賢菩薩的耳識圓通？——42

15　普賢菩薩的十大行願？——44

16　普賢菩薩的老搭檔文殊菩薩？——46

17　華嚴三聖有誰？——48

●歷史檔案

1　普賢原來是地名？——50

2　敦煌菩薩把普賢菩薩請到中國？——52

3　妙法蓮華開‧普賢乘象來——55

4　《華嚴經》的譯傳與普賢菩薩——59

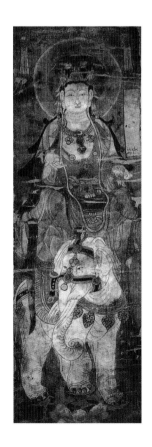

5　誰是普賢費思量？——62

6　路昭太后與普賢菩薩的故事——64

7　唐僧用高科技手段傳播普賢信仰？——66

8　普賢菩薩標準像的背後秘密？——68

9　普賢菩薩的道場峨眉山——70

10　普賢行願與血書佛經——74

11　古典小說中的普賢菩薩與白象王——76

12　普賢行願歸淨土——79

●修持檔案

1　如何持普賢齋戒？——82

2　普賢菩薩有哪些法門？——84

3　如何修持普賢三昧？——85

4　如何修持普賢菩薩的淨土法門？——86

5　普賢行願與人間佛教？——89

●應化檔案

1　受持《法華經》的普賢菩薩感應事蹟——94

2　修持《華嚴經》感應普賢菩薩——99

3　天臺宗人與普賢菩薩的道交——101

4　普賢菩薩化身爲唐朝高僧拾得？——102

5　普賢菩薩護持見淨土——105

6　普賢菩薩分身隨緣教化——107

7　民間傳說中的普賢菩薩——111

●資訊檔案

1　到哪裡去見普賢菩薩？——114

2　普賢菩薩在書中——118

3　網路空間的普賢菩薩——120

●後記　◎崔人元——123

看啦！
普賢菩薩！

普賢菩薩是大乘佛教實踐精神的體
現者，被稱為「大行普賢菩薩」，
普賢的大行表述於「十大行願」
中，十大行願又稱「十大願王」、
「普賢願海」。

1
早期的普賢菩薩造像

甘肅天水麥積山 13 號石窟一佛二菩薩摩崖造像，約造于西秦時期（西元 385~431 年），其中有普賢菩薩，但不能確定誰才是。因為早期普賢造像都是以與文殊菩薩一起作為釋迦牟尼佛的脅侍或以華嚴三聖（毗盧遮那佛、普賢菩薩和文殊菩薩）群像出現，普賢像與其他菩薩像在圖式特徵上幾無區別，且那時普賢、文殊在佛主尊旁的左右位置也不確定。

北魏時期的乘象菩薩像可能是現存佛教文物中最古的可以辨認的普賢菩薩造像了，因為其中有了普賢菩薩的專用座騎六牙大白象。圖為甘肅慶陽北石窟寺 165 窟普賢菩薩乘象像，是北魏時期（開造於西元 509 年）的作品。

普賢菩薩造像的發展與定型

中國佛教中普賢菩薩造
像的形象在隋唐時期基
本確定了下來。圖為山
西太原天龍山第9窟初
唐時期的普賢菩薩像。

山西五台山佛光寺的晚唐普賢菩
薩像，已呈後世常見之普賢標準
像之形制。普賢戴寶冠，著天
衣，執經卷，跣足如意坐於象
背，衣裙下襬蓋住蓮花座；白象
壯實，周圍擁護著隨侍菩薩、童
子天王等，以後再也難以見到如
此氣勢如虹的造像。

左：
這幅盛唐時期的普賢菩
薩像幡（法國巴黎居美
博物館藏），普賢菩薩
全身呈三折姿勢，珠光
寶氣，高貴雅麗，神態
自在，好像沉醉於法喜
之中。

右：
甘肅敦煌出土的盛唐時
期的普賢菩薩絹質像幡
（英國大英博物館藏），
以彩色繪騎乘六牙白象
之普賢菩薩，普賢菩薩
頭頂上有圓光，戴三珠
冠，身穿僧祇支，上披
紗帛，下著裙袍，右手
作施無畏印，富麗堂
皇，寶相莊嚴。

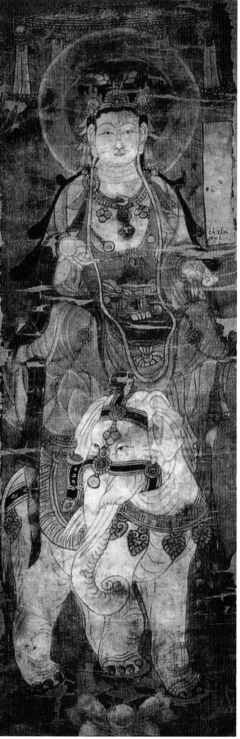

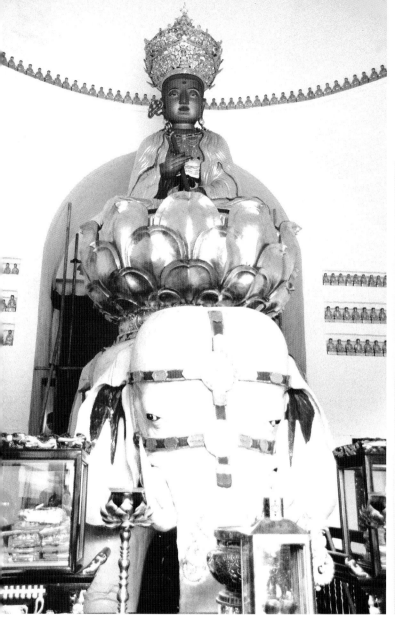

四川峨眉山萬年寺北宋造普賢菩薩騎象像，是最為經典的普賢菩薩標準像。宋太宗鑄造的這尊普賢乘象大像，非常雄偉精美，普賢菩薩頭戴五佛金冠，胸佩瓔珞，身披黃色袈裟，手執金如意，體態豐滿勻稱，神情安詳，優美地跌坐在燦若黃金的巨大蓮臺上；馱著蓮臺的六牙白象，蒲耳下垂，長鼻勾卷，雙目炯炯，古樸渾厚，生氣勃勃，比例勻稱，形態逼真，那踏在四朵紅色蓮花上的粗壯四腳，似欲啟步遠行。

此像高七點三五公尺，重六萬二千公斤，先是在成都鑄造，然後再運上山組合安置，如此又大又重的銅像，在北宋那個年代是用什麼方式鑄造的？銅像的普賢、蓮座、白象和紅蓮四個部分，渾然一體，居然看不出焊接痕跡，究竟是用什麼工具、以什麼樣的工藝，竟然做得如此天衣無縫？從成都到峨眉山，山路崎嶇，交通不便，當年又是怎樣運上山的？鑄造、焊接、運輸三大謎，至今無人能解。

從另一個角度向上看普賢騎象，可以見到屋頂上的飛天。

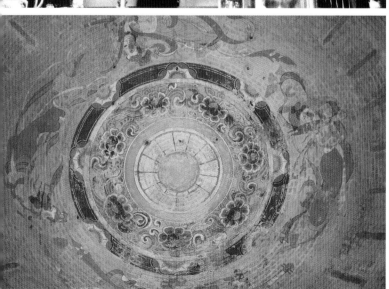

四川峨眉山金頂十方普賢菩薩大金銅像，是佛教、造型藝術、現代科技和自然環境完美結合的傑作。

西元 2006 年 6 月 18 日，一○八位高僧和三千信眾在峨眉山金頂，隆重舉行了「十方普賢菩薩像」開光法會。峨眉山自此成為世界上最大的佛教朝拜中心。

十方普賢像是世界上最高的銅鑄貼金佛像，造像威儀具足，莊嚴無比，極富創意。大像連寶座全高四十八公尺（表示現阿彌陀佛的四十八願），像身高四十二公尺，重六十六萬公斤。十方普賢像總計共有十個頭面，朝向十個方向，頭面頂上寶冠的圖案設計與正中文飾寓意普賢十大行願。十方普賢像整體造型呈圓錐形，為一座窣堵波佛塔形，而基座（即須彌座）、多層重瓣蓮花、祥雲、大象、蓮座、法身、寶相、寶冠、圓滿剎等組合，每層都有蓮花，層層向上，重重無盡，故也可視為是《華嚴經》中「華藏世界海」的表徵。

金頂以十方普賢菩薩聖像為中心，金光耀日的金殿（可參考第四頁）、雄渾莊嚴的銅殿、銀光灼灼的銀殿和潔白的朝聖大道，整個建築群面向十方普賢聖像，雄偉莊嚴、層次分明，呈拱衛之勢，暗含佛經中普賢與眷屬在光明山說法之意。

十方普賢像由藝術家詹文魁設計的督工鑄造，前後歷時四年才完成。詹氏擅長雕鑿鑄造巨型佛菩薩像，每次造像前必發大心願，經過感應道交而致成就。金殿、銀殿、銅殿和朝聖大道由建築師李祖源主持設計。李祖源說：金頂十方普賢像第一次把佛像演變成空間性的作品，即以往人們常見的佛像都是單面的，只有一個正面，而大家朝拜時，可以把十方普賢的每個面都看作正面。在金頂實現的「佛頂合一」，把十方普賢和大雄寶殿等進行有機結合，就把東方美學的自然和邊界結合在了一起。在設計時考慮到將自然景觀與建築有機結合，於是改變了以往的慣有思維。十方普賢像實現了佛像藝術的歷史性突破。

藏傳佛教的普賢菩薩造像

金剛薩埵（Vajrasattva）

金剛薩埵含義為「金剛的本質」。在金剛界，他是大日如來化現的正法輪身，執金剛之上首。也被認為是顯宗的普賢菩薩。右手握金剛杵左手持金剛鈴，結跏趺座或勇健座為其主要特徵。金剛薩埵是消除一切罪業最強有力的本尊，修金剛薩埵如同修持一切佛、菩薩，能獲得一切本尊的功德。能令觀者、具信心者身輕眠少，常保健康，思路清晰。更能彌補一切無心之錯漏之舉。（卓么本繪）

普賢檔案
認識普賢的
44種途徑

普賢菩薩是誰之子？

藏傳佛教地區的十一面觀音唐卡像。據佛經所說，普賢菩薩與觀音菩薩在久遠以前的過去生中曾是兄弟姐妹。

普賢菩薩是佛教中常見的一位大菩薩，佛教經典中對這位菩薩的身世記載很少，主要有下列三種說法，其中以第一種和第二種較為流行。

■ 版本一、普賢菩薩是阿彌陀佛的兒子

《悲華經》記載：在非常非常久遠的過去有個刪提嵐世界，住世的佛名號寶藏如來；此世界上有個轉輪聖王無諍念，他有一千個兒子，老大叫不眴，老二叫尼摩，老三叫王眾，第八個兒子名叫泯圖。這位無諍念王就是阿彌陀佛的過去生，不眴是觀音菩薩的過去生、尼摩是大勢至菩薩的過去生、王眾是地藏菩薩的過去生，泯圖是普賢菩薩的過去生。這也就是說，普賢曾是阿彌陀佛的兒子，而且與觀音、文殊、地藏等曾經是兄弟。

無諍念王與諸王子到寶藏佛面前一一發願，寶藏佛為他們一一授記。泯圖在寶藏如來面前發下菩提誓願說：「我決心在穢濁不淨的世界修行大乘菩薩的六度之道，並使一萬個污穢不淨的世界變得像光明無垢尊香王佛的青春光明無垢世界一樣清淨莊嚴美麗溫馨；還要教化無數的菩薩，使他們沉積心中的垢染消除，心靈純潔的本性顯現，都發起大乘菩提心，遍佈於我的世界。只有做到這些之後才成就佛果。」

寶藏如來對泯圖的誓願大為讚歎，為他改名為「普賢」，並且給其授記將來在北方的知水善淨功德世界成佛，佛號智剛吼自在相王如來。

■ 版本二、普賢菩薩是一切諸佛的長子

關於普賢最重要的佛經之一《華嚴經》中說：普賢菩薩是一切諸佛的長子，或說一切諸佛的長子都叫「普賢」。這是什麼意思呢？

一，根據《華嚴經》等經典中的佛「三身」說，法身佛毗盧遮那佛是最根本的佛，法界中其他諸佛如釋迦牟尼佛等均從法身佛而出，但法身佛不可言說、無有形相，普賢菩薩為法身佛的具象化，即要經由普賢菩薩才能完全瞭解毗盧遮那佛，所以說普賢是諸佛的長子。

二，普賢遍身十方諸佛世界，常為諸佛座下的法王子，即《華嚴經》所說「普賢行願威神力，普現一切如來前」，「十方如來有長子，其名號曰普賢尊。」《楞嚴經》中普賢也說自己曾經給恒河沙數的佛當法王子，十方世界諸佛都以普賢為榜樣，教眾菩薩修習普賢行。

三，根據《法華經》、《觀普賢觀經》所說，普賢是釋迦牟尼佛認可的《法華經》和一切大乘佛經的總護持者，對大乘佛法的傳承負有僅次於佛的

最高責任，所以也可以將普賢說為是諸佛的長子。所謂「長子」、「法王子」，是一種世俗的類比，即是說大菩薩像長子協助父親並在將來繼承父親的家業、王位那樣，協助佛傳播佛教和在涅槃後相繼成佛。

▋版本三、普賢菩薩是妙莊王的女兒

關於普賢身世的第三種說法，是《小乘經》中所說的：普賢過去世曾是妙莊王的二女兒。妙莊王的大女兒即後來的文殊、三女兒即後來的觀音，最小的兒子即後來的地藏。

這種說法帶有明顯的中國化特色，甚至有人說妙莊王就是春秋戰國時期的楚莊王。

 佛法小常識

何為佛法身、報身和應身？

佛教認為，佛有三身，即法身、報身和應身。佛的三身在不同經典中的稱呼略有不同，意義則基本相同。法身是佛的自性身、真實身，一切事物、現象均從此出；報身是佛的受用身，是智慧的體現，是佛因功德圓滿而得酬報所顯現的相好莊嚴之身；應身是佛的化身，即佛為了度化眾生而隨緣示現的形象，相當於現代哲學所謂的現象。中國佛教一般認為，毗盧遮那是法身佛，盧舍那是報身佛、釋迦牟尼佛是應身佛。

唐朝盛行以盧舍那佛為主尊的華嚴三聖造像。河南洛陽
龍門石窟奉先寺的佛教造像，代表了唐朝佛教石窟造像
藝術的最高水準，中間盧舍那佛主尊左側的菩薩即普賢
菩薩，華麗雍容，深沉矜持。

普賢菩薩到底叫什麼名字？

重慶大足石刻之北山佛灣轉輪經藏窟（136 號窟）的普賢菩薩騎象像，此像造於南宋初年，藝術高超，刻工精湛，保存完好。普賢菩薩像跏趺坐於白象所馱雙層仰蓮之上，氣韻超凡，風姿華美。

普賢菩薩與觀音、文殊、地藏共稱中國佛教四大菩薩，像其他三位菩薩一樣，普賢菩薩也有多個名號，普賢是最常見的稱呼。

▌三曼多跋陀羅是誰

普賢菩薩名稱中的「普賢」是從梵文翻譯為中文後的稱呼。在梵文裡，普賢有兩個名字：一是 Samantabhadra，音譯為「三曼多跋陀羅」，這也是可考的最早的中文譯名，二是 Visvabhadra，音譯為「邲輸跋陀」。兩個梵文名字均可以意譯為「普賢」或「遍吉」，「普賢」是至今最常用的稱呼。另外，普賢菩薩還有遍吉金剛、建立一切平等菩薩、一切成就菩薩等別名。

▌普賢菩薩名號的含義

常人取名也要講究一定的意義，佛菩薩的聖名大號更是含義豐富，主要是表徵其功德、地位等。佛教典籍中對普賢名號的含義是如何解釋的呢？

比較有代表性的解釋，一是《華嚴經疏》中所解釋的：「普賢」的「普」是普遍的意思，表示普賢為了普度眾生而隨緣應化、遍及法界（宇宙），哪裡有需要哪裡就有普賢；「普賢」的「賢」是指普賢已得到略等於佛的修行成果，佛經說普賢從久遠以來，發菩提心，修菩薩行，具備了各種功德，獲得了等妙二覺菩薩的地位。「普賢」的意思就是「普遍賢善」。

「普賢」的聖名也代表了這位大乘大菩薩的功德：普賢的法身遍於一切，所以總攝三世諸佛的法身，又稱普賢法身。《華嚴經》中說普賢身相猶如虛空，即為此意。而普賢具足無邊無量行願的大乘聖者，其應身則普應十方作一切方便，所以，也可說普賢應身是十方三世一切諸佛的應身，普於一切佛剎中示現，於一切世間中安住、教化，悉能普遍使一切處的眾生吉祥，悉能普遍使一切時的眾生吉祥，悉能普遍使一切眾生的善願吉祥，慈悲威德，智慧願行，為諸佛所共讚歎。

普賢菩薩是什麼模樣？

我們通常所見普賢菩薩像，大多是發梳高髻，頭戴寶冠，身被瓔珞菩薩裝，坐於一頭六牙白象上，並且乘象的普賢像大都為合掌。那麼，佛教經典中的普賢是什麼模樣呢？

▌佛教中的普賢菩薩形相

《佛說觀普賢菩薩行法經》（《觀普賢經》）中說：「普賢菩薩身量無邊，音聲無邊色像無邊。」《華嚴經》中也說：「普賢身相如虛空。」看來普賢的本來形相真是不可思議。

《觀普賢經》是教眾生觀想普賢形相的佛經，經中說：「普賢菩薩身相端嚴，如紫金山。端正微妙，三十二相，皆悉備有。」「普賢身白玉色，五十種光。光五十種色，以為項光。身諸毛孔，流出金光，其金光端，無量化佛、諸化菩薩，以為眷屬。安祥徐步，雨大寶花，至行者前。其象（普賢菩薩所乘六牙白象王）開口，於象牙上，諸池玉女，鼓樂弦歌，其聲微妙，讚歎大乘一實之道。」普賢「身諸毛孔，放大光明，照其大象，令大象作金色，一切化象亦作金色，諸化菩薩亦作金色。其金色光，照於東方無量世界，皆同金色。南、西、北方，四維上下亦復如是。」——紫金是最上品的金子，三十二相是古印度人愛好並理想化的完美身相；普賢身上放出遍照各處的金光；普賢有無數化佛菩薩陪伴，白象行走時天上下雨似的飄落寶花，玉女們奏唱著美妙的音樂……總而言之，普賢的相貌是非常高大、完美和神奇的。

《觀普賢經》對普賢形象的描述，一般人是難以想像出來的，更難以進行具象的造型，所以人們在造像時進行了簡化，從而出現了我們常見的普賢像——頭戴寶冠，身著彩色天衣，手持蓮花，花上有佛經，面如滿月。山西五台山佛光寺東大殿的唐朝普賢像是中國現存最古的普賢像之一，就可說是普賢的這種標準造像了。

現在所見的普賢像多呈古代貴婦形象，而按經典所說，普賢應當是大丈夫相，只為教化眾生的方便而隨緣示現一切身相，可男可女。所以，當你在五台山顯通寺還見到禿頂長髯、衣襟敞開處露出條條肋骨、一副老態龍鍾的普賢像，或在五台山鎮海寺觀音殿見到頂紮螺髻、頜下濃鬚、穩重剛毅、歷經滄桑模樣的普賢像，或在甘肅敦煌石窟的隋唐壁畫中見到長有小鬍子的普賢像，也就不必感到奇怪了。

佛法小常識

何為三十二相

手指纖長相	手指纖細圓長，光潤可愛。
手足柔軟相	手、足都非常柔軟而無僵硬。
手足縵網相	手、足的指與指（趾與趾）之間有縵網交相連絡，象鵝王之足。
足跟滿足相	腳後跟圓滿，沒有凹處。
足平安相	安立時腳下平平滿滿，沒有凹處，就像盒底。
千輻輪相	腳下有轂網輪紋，眾相圓滿，就像千輻之輪。
足趺高好相	腳背高起圓滿。
如鹿王相	股肉像鹿王的腨一樣漸次纖圓。
手過膝相	雙臂修長，平立下垂時超過膝蓋。
馬陰藏相	男根如馬陰一樣密藏體內看不見。
身縱廣相	從頭到腳之高，與雙臂雙手之長相等。
毛孔生青色相	全身每個毛孔，生相不亂，右旋向上，青色柔軟。
身毛上靡相	全身的毫毛都右旋向上且伏貼。
身金色相	身體之色如同金子。
常光一丈相	身放光明，照見四方各一丈。
皮膚細滑相	皮膚細膩滑嫩，不受水塵，不停蚊蚋。
七處平滿相	兩足下、兩掌、兩肩和頭頂中這七處平滿無缺陷。
兩腋圓滿相	左右兩腋平滿。
身如獅子相	像獅子王一樣身體平正，威儀嚴肅。
身端直相	身形端正而不傴曲。
肩圓滿相	兩肩圓滿豐腴。
四十齒相	口中長有四十顆牙齒（常人只長有三十六顆牙齒）。
齒白齊密相	牙齒都白淨整齊嚴密。
四牙白淨相	四牙色白形大，瑩潔鮮淨。
頰車如獅子相	像獅子一樣面頰豐滿。
咽中津液得上味相	咽喉中常有津液，凡食物都因此而得美味。
廣長舌相	舌頭寬長，柔軟細薄，伸開能覆蓋臉面。
梵音深遠相	音聲清淨雅好，遠近都都聽清楚。
眼色如紺青相	眼目之色，清淨明瑩，如紺青色。
眼睫如牛王相	睫毛像牛王的一樣又濃密又長。
眉間白毫相	兩眉之間有白玉毫，清淨柔軟，右旋宛轉，常放光明。
頂成肉髻相	頂上的肉高起同同髻形。也稱無見頂相，指一切人、天、三乘菩薩都見不到。

普賢菩薩是釋迦牟尼佛的總護法？

據《法華經》的記載，普賢菩薩是《法華經》的護持者，是執行釋迦牟尼佛遺教的最高負責人。而據《觀普賢經》，普賢菩薩還是一切大乘佛教經典的總護法。

▋ 普賢菩薩是《法華經》的總護法

釋迦牟尼說完《法華經》後即於當日中夜涅槃，《法華經》成為佛陀最後的付囑。《法華經》歷來被認為是集大乘佛學之大成，是大乘佛教的最高經典，按《法華經》所教修行對於修佛者具有至高的意義。《法華經》的最後一品《普賢菩薩勸發品》記載：

釋迦牟尼宣說《法華經》的法華會要結束時，普賢與眾多菩薩從東方而來，向佛陀行禮後就請佛陀給大家再說說，並問在佛陀涅槃後世人如何能得到《法華經》。佛陀於是把前面所講過的佛法簡煉地總結為四點：第一要堅定信仰佛，受到諸佛的保佑，第二要廣行善德，勤修六度菩薩行，第三要修習禪觀，第四要發心去救度一切眾生，而不僅是求個人的解脫。

普賢立即表示要在佛陀涅槃後護持《法華經》，並具體談了如何做法：一是為受持此經者排除各種外部干擾，保證其安全；二是守護行走或站立讀誦、靜坐思維此經者，教其會讀誦且不忘記；三是凡求索、受持、讀誦、書寫、修習此經、在三個七日內一心精進者，普賢將乘白象與眾多菩薩來現身為其傳授陀羅尼，以神通力傳播此經；四是受持、讀誦、憶念此經、瞭解其深義，並照此修行者，便是修普賢行，諸佛如來會手摩其頭；五是眾生只要書寫此經，就可在死後生於忉利天，若更能受持、讀誦、憶念此經，瞭解其深義，並如法修行，則死後生於兜率天；六是若眾生自己書寫，或勸動別人書寫、受持、讀誦、憶念此經，如法修行，他們將獲得如上護持或功德；七是用神通力守護此經，使之在世界上廣泛流傳。

釋迦牟尼佛對普賢勇作護法大加讚歎，確認了對普賢護持《法華經》所許諾的各種功德果報，並說：「我當以神通力，守護能受持普賢菩薩名者。」於是諸菩薩「皆大歡喜，受持佛語，作禮而去」。普賢出任《法華經》的總護法，得到了釋迦牟尼佛的認可和諸位菩薩的贊成。

▋ 普賢菩薩是大乘佛教經典的總護法

補充《法華經》並與《法華經》相表裡的《觀普賢經》，是佛陀涅槃前三個月所說的。阿難等請問在佛陀涅槃後如何修行？佛陀於是講說了觀念普

賢菩薩而懺悔六根之罪的修行方法。此經中說，普賢護持「大乘經典」、
「甚深經典」、「大乘方等經典」，亦即普賢是一切大乘經典的總護法；佛
陀涅槃後，其在世時所說佛法，是由普賢任總護法。這應當也是普賢造像中
手持經書的由來。

普賢菩薩在法華會上成為了
佛教的總護法。這幅唐朝普
賢菩薩線刻畫線條流暢、構
圖繁麗，描繪的是普賢菩薩
及隨從正由東方寶威德上王
佛國趕赴法華會。

普賢菩薩是淨土宗初祖？

山西五台山南禪寺大佛殿的中唐時代（西元8世紀）彩塑普賢菩薩像，風格與敦煌莫高窟的塑像相近。塑像雖有後世修補，但風韻依然，豐滿適度，面目朗潤，神態自若，服飾流暢，簡練準確，色調明快，手法純熟。

阿彌陀佛的西方極樂世界淨土在中國佛教信眾中的影響極其廣大。按中國佛教淨土宗的一代宗師印光大師等的判斷，普賢菩薩當是西方淨土一系在娑婆世界的初祖。

▌普賢是淨土信仰最積極的傳播者

西方極樂世界的教主是阿彌陀佛，觀音菩薩和大勢至菩薩是協助阿彌陀佛的兩大脅侍。觀音可謂家喻戶曉，是大半個亞洲的信仰，但現存佛經中並

沒有觀音弘揚淨土法門的記載；佛經中關於大勢至宣傳西方淨土的記載，也主要是《首楞嚴經‧大勢至菩薩念佛圓通章》。

在佛教經典中，除釋迦牟尼佛多次宣說西方淨土外，確實對西方淨土進行大力宣講、積極勸導眾生希求往生極樂世界者首推普賢菩薩。例如，在《如來不思議境界經》中，普賢對德藏菩薩講授修行法門，即說到一心勤修，就能往生極樂淨土，常見如來。

▌十大願王導歸極樂

《華嚴經‧普賢行願品》中，普賢講說了十大行願後，對參加華藏海會的諸大菩薩說：堅定信行普賢十大行願者在臨死時刻，雖然原來的財富權勢美色等等什麼也帶不走、都離散而去，但有普賢十大行願相伴不離，普賢十大行願將引導他於一剎那中即得往生極樂世界，到了極樂世界就能見到阿彌陀佛、文殊、普賢、觀音、彌勒等圍繞，自己生於蓮花中，並得到佛的授記，此後極長的時間裡到十方世界普度眾生，最終成就佛果。……大家對此不要有什麼疑惑，應當信持普賢行願，並廣為傳播，成就福聚，救度眾生，往生極樂世界。

普賢在此極力勸說大家精進修行，把往生極樂世界當作修行普賢行願的目標。因此，現代佛學名家夏蓮居居士（西元1884－1965年）在《淨修捷要》中說：「不捨因地，遍收玄妙，十大願王導歸極樂，大願大行普賢菩薩！」按《華嚴經》，普賢菩薩既為毗盧遮那佛之佐輔，尚以十大願王，導華藏海會諸大菩薩同歸極樂世界，我等下凡可不發願追隨嗎？！

▌普賢在淨土宗的地位

《普賢行願品》為中國佛教華嚴宗與淨土宗的融會駕起了橋樑。印光大師指出：淨土法門「若論大機所見，肇始實在《華嚴》」；「殊不知華嚴思想的歸結宗趣，在於求生淨土。文殊、普賢兩大菩薩通通都發願往生淨土。」大約在唐朝後已有依普賢行願而弘揚淨土的記載，到晚清時《普賢行願品》被列為淨土宗經，鼓勵眾生「精進行持，以普賢十大願王，回向往生西方極樂世界，以求達到圓滿智慧的佛果，作究竟解脫的大丈夫」。中國佛教信眾遂以普賢為淨土法門在娑婆世界的初祖。

 佛法小常識

法界、天界與娑婆世界

「法界」是佛教術語，「法」指宇宙萬有、一切事物和現象，「界」即分門別類的不同事物各守其不同的界限。佛教認為，眾生在六道（地獄道、餓鬼道、畜生道、人道、阿修羅道和天道）裡生死輪迴，其中的天道即「天界」，天界眾生約相當於我們日常所說的天神、神仙。佛教認為宇宙由無數個大千世界組成，所有的大千世界都在成、住、壞、空的過程當中遷流變化，每個大千世界中都會有佛出世教化眾生，而我們人類所在的大千世界稱做「娑婆世界」，是釋迦牟尼佛教化的世界。「娑婆」是梵語音譯，意為「堪忍」，此界有種種惡聚集而眾生安於居住，堪於忍受諸苦惱而不肯出離。

普賢菩薩是密教初祖？

浙江杭州紫陽山寶成寺側石窟的嘛哈噶拉（大黑天）像龕。此像造於元代，系梵式密宗造型，與我們常見的佛菩薩像大不相同，主尊右側乘象者應即普賢菩薩。

　　根據佛教教法的公開性和修法傳承，佛教可分為顯教（顯宗）與密教（密宗）。《淨修捷要》說：普賢「一心觀禮，無量壽如來會上，座列上首，德為眾尊，華嚴經主，萬行莊嚴，化身金剛薩埵，永為密教初祖」。

　　按照密教經典的說法，大日如來是密教的教主；大日如來於「法界心殿」對金剛薩埵等開示證法門，宣說《大日經》、《金剛頂經》，金剛薩埵受大日如來之命將此兩部密教根本大經結集。

　　金剛薩埵將《大日經》和《金剛頂經》放置在印度南天鐵塔，留待了數百年之久，才等到有緣的龍樹菩薩到來。金剛薩埵將兩部大經傳給龍樹，密教教法從而弘傳人間。這也就是說，密教是由金剛薩埵傳下來的。

　　此金剛薩埵是誰呢？正是顯教中所稱的普賢菩薩。

佛法小常識

密教在中國的傳播

在西元八世紀唐玄宗時，由從印度來中國的密教一代宗師善無畏大師（約西元七至八世紀）將密教傳播到中國，主要以《大日經》為根本經典，所傳以胎藏界為主，受法者為著名的高僧、佛學家、天文學家僧一行大師（西元 683~727 年），一行傳於玄超。稍後另一位印度密教宗師金剛智大師（西元 669~744 年）與弟子不空大師（西元 705~774 年）來到中國，與一行等共譯《金剛頂經》，以此經為根本經典，所傳以金剛界為主。

兩部密教大經很快就互相傳授融合，在不空大師等的努力下，迅速發展成為中國佛教八大宗之一的中國佛教密宗，又稱為唐密，此密教屬從印度而來的正純密教。唐密後來傳入日本，興起日本佛教的東密和台密。西元九世紀中葉唐武宗對佛教各宗進行了毀滅性打擊，密教再經五代戰亂而終於基本絕跡了；近代有人試圖復興，但未成氣候。

西元七世紀時，大乘佛教從印度、尼泊爾和中國內地傳入西藏地區，並逐漸發展起來藏傳佛教，又稱喇嘛教或藏密，並在西元十三世紀時傳播到蒙古族地區和中國內地一些地方。藏傳佛教一直法脈不絕，並傳播到歐美等地，今人所說的密宗往往即指藏密了。

密宗與顯教

常聽人們說佛教分為顯宗和密宗，這到底是什麼意思呢？

顯宗又稱顯教，其教義是釋迦牟尼（應身佛）公開宣說的，顯宗經典和修法都是對眾生公開的，意思比較明顯、容易理解受持，包括小乘佛教和早期的大乘佛教，在修法上不像密宗那樣有許多神秘的儀式。密宗又稱密教、密乘、真言宗、金剛乘等，其教義是大日如來（法身佛）深密傳授的。密教的密是說教義修法深密奧妙，為諸佛所密，不是普通根機者所能理解和學習的，而不是故作神秘玄妙。密教修行特別講究須有上師傳授，修行儀軌也較多較特別。

按照世俗佛教學者的見解，大乘佛教顯宗約於西元一世紀時在印度興起的，密宗約於西元七世紀時在印度興起的。顯宗和密宗都是佛陀傳授的佛法，並非兩種佛教。現代高僧能海上師曾說：「顯是密之顯，密是顯之密。有則雙存，無則並遣。若不知顯，則不了密之性相；若不知密，則不知顯之作用。」佛陀傳下八萬四千法門，只要契合自己的根機，如法修行，都能取得成就。

普賢是菩薩還是佛？

北京法海寺壁畫

　　喜歡思考的讀者可能會問：既然《華嚴經》中「善財童子五十三參」的典故講，善財童子是在最後參拜普賢菩薩，並得普賢為其摩頂說法，最後進入普賢的一個毛孔而成佛，那麼，普賢豈不也應當是佛啊？這個見解有道理，但又不能這麼說。

　　善財童子按文殊菩薩指示開始五十三參，五十三參的本質是實踐普賢行，參拜結束意即其普賢行已圓滿，最後歸於普賢菩薩而成佛。這實際上是《華嚴經》中文殊、普賢一雙法門的生動表示，文殊、普賢是成佛之「因」，佛是文殊、普賢之「果」；同時，《華嚴經》用「理」表示本體，「事」表示事物、現象，宇宙間「事」有種種而「理」只一個，每一「事」中都體現整個「理」，即「事理無礙」。善財童子從主觀之「智」出發，經艱苦廣泛的修行，證得客觀之「理」而成佛。普賢菩薩與毗盧遮那佛同一，都為佛理，普賢即是「普現」，無所不在，無所不生，當善財童子開始五十三參行普賢行時已是履行菩薩的普賢，而入於普賢菩薩之毛孔時即與普賢菩薩相融為一了。也就是說，修普賢行時是菩薩，行願圓滿即是佛。

　　《第二菩薩經跡》、《如來不思議境界經》等經典說：普賢是達到了等妙二覺的大菩薩，超過了十地以上的菩薩，即與諸佛平等的境界，已圓滿證得法界至理，早已成就無上正覺佛道，但為了輔助釋迦牟尼佛普度眾生，所以以悲願之力，沒有正名為佛，隱去佛相而示現菩薩相，根據眾生的不同類別和根機顯現各種利樂眾生的身相教化眾生，其功德無量無邊、不可思議。普賢能在十方世界諸佛前作法王子，能作廣大佛事，能度無邊有情，其智慧之高，願行之深，其境界之深，唯佛能知。按《華嚴經》等說法，你我凡夫只要虔修普賢行願、誠念普賢聖號，也就是「普賢」了，普賢菩薩必然現前，若得到普賢摩頂授記，將來就會像善財童子一樣證得佛果。

佛法小常識

善財童子五十三參

善財童子是福城中一位長者的兒子，因出生時家中大量珍寶財富自然湧出、與之俱來而得名。但善財視財寶如糞土，發誓學佛成佛。經文殊指點，善財童子為討教如何修證佛法，虔誠地參訪了五十三位不同身份的大善知識，最後參禮普賢而成佛。善財童子五十三參的典故不僅是生動的故事和常見的藝術題材，更具有重要的佛教意義，即實踐佛法。因為善財童子曾參拜觀音，經過中國化的善財童子成為觀音的侍童，一些人還望文生義地將「善財童子」作為求財求子的崇拜對象。

 佛法小常識

菩薩與菩薩階位

菩薩，是梵文 Bodhisattva 的音譯菩提薩埵的簡稱，意思是覺有情、道眾生的意思，即具備不僅自利更要利他的大願，追求無上覺悟境界，並且已證得性空之理的眾生。菩薩所覺悟的境界在佛之下，在阿羅漢之上。

大乘菩薩道的修行有不同的階位。菩薩不只是有賢聖，也有凡夫。按照佛教經典的說法，菩薩共分「十信」、「十住」、「十行」、「十回向」、「十地」、「等妙二覺」，一共是五十二個階位。「十信」位還是凡夫，比如你我發心上求佛道、下化眾生、修行普賢十大行願，也就可以稱為菩薩，但還是凡夫俗子；「十住」位到「十回向」位可稱賢位；從「初地」以上的十二個階位才是聖位，最後一個階位實際就是成佛了。

經典中通常所稱的菩薩，若不標明是「地」前階位的菩薩，一般就是指已經到了「十地」聖位的菩薩。因為大地能生長萬物，故佛教經典中常以「地」來形容能生長功德的菩薩行。「十地」是十個階位，大乘菩薩必須經過「十地」修行，才能具備成佛的條件。經典往往對十地的內容有不同的描述，《華嚴經》中即有《十地品》。按照經典所說，普賢菩薩所象徵的「十地」，通過修行可超越三界，達到無上正等正覺而成佛。

普賢菩薩能增加人的壽福？

佛教經典中說，供奉普賢延命菩薩、修習普賢菩薩延命法，可以增益人的壽命。這是一幅西元14世紀時的日本延命普賢菩薩絹畫像。

普賢菩薩安住於增益延命三昧的境界之時，就成為《普賢延命經》中的普賢延命菩薩。密教徒修普賢延命法時就以普賢延命菩薩為供奉的本尊。

據密教經典《普賢延命經》記載，眾生若能如法修持與祈求普賢菩薩，則不會墮入惡道，不會夭死短命，不會遭遇惡夢、魔魅、咒詛、惡形等恐怖，不會受水火兵毒等的傷害，而且修持者還能獲得長壽，「具大福智，勝願圓滿。官位高遷，富饒財寶，皆悉稱意。若求男女，並及聰明」，即得到大福報，升官發財生貴子。

據《普賢延命經記》，此尊菩薩的形相為面如滿月的童子，頭戴五佛寶冠，右手持金剛杵，左手持金剛鈴，坐千葉寶花，由一個三頭白象王背負著；白象足踏一大金剛輪，下有五千群象，金身放出寶光。這種造像多為畫像。另外，有一種二十臂的單尊普賢延命菩薩像，通身金黃色，頭戴五智寶冠，左右各有十條手臂，各拿持不同的法器，左手分別拿著蓮花、劍、輪、舌、羯磨杵、甲冑、牙、金剛拳、鎖、鈴，右手分別持有五股杵、鈎、箭、拳、寶珠、日輪、寶幢、三鈷杵、三鈷鈎、羂索，結跏趺坐在千葉寶蓮花上；寶花下是大白象，白象有一身三頭、三身三頭、四身四頭三種，分別面向外站立；白象頂上有四天王，朝外面向四方站立，護持佛法。

普賢菩薩成了閻王爺？

　　大約在唐末五代時期，中國民間興起關於陰曹地府有十大閻王的信仰，此信仰受到佛教的深刻影響。佛教信眾認為，十大閻王是地府的最高主管地藏菩薩的屬下，十大閻王分別審判死者在陽間所犯不同罪業，並給予公平、嚴厲的處罰。

　　十大閻王中的第四位叫五官王，多種經典中都提到五官王的稱號，而據《預修十王生七經》、《地藏菩薩發心因緣十王經》記載，這位五官王的本身就是普賢菩薩。五官王專門審處眾生的妄語罪。死者在死亡後的「四七」（第四個七日）期間將被押到五官王面前，接受五官王對其生前言行的判決。

　　《地藏十王經》說：五官王於三江之間建築了閻王殿，大殿左右各有一間房子，左邊那間房裡的高臺上有秤量幢，放置著七台很精準的秤，用來秤量死者的身業、口業所造做的七種罪的輕重，而意業所造作的三種罪由死者到鏡臺前照視身影的清濁來判定。秤量的點目分成三等：斤目是重罪，罰入地獄；兩目是中罪，罰為餓鬼；分目是輕罪，罰轉生為畜牲。負責秤量的小鬼們把秤量情況傳報到右邊那間房裡作勘錄，赤紫冥官負責點清秤量輕重並予記錄，再按法定程式上報五官王終決。

重慶大足石刻之大佛灣 20 號窟地獄變，是南宋時期作品，有十八組雕刻生動地刻畫出眾生墜入地獄受苦的情狀。佛教認為善有善報，惡有惡報，在地獄受苦即惡報之一。地獄十大閻王中的五官王，是普賢菩薩的化身。

普賢菩薩的坐騎白象有來頭？

我們日常所見到的菩薩像基本上比較接近，要區認出誰是誰，主要靠菩薩造像的手持法物、坐騎、姿態、冠戴等來區別。以一頭六牙大白象為坐騎，可說是普賢菩薩的「招牌」。這頭白象可是不凡呢！

■ 菩薩化身成為白象

地球上的白象跟白虎一樣是由於基因突變而產生的，是相當稀罕的珍品，在古代印度乘坐大白象，有點像當今乘坐空軍一號專機或勞斯萊斯車，是一種尊貴身份的表徵。但在早期佛教中，乘坐白象並不是普賢菩薩的「特權」，而是菩薩都可乘坐的，而且白象往往是菩薩所化。

據《瑞應本起經》、《因果經》、《普曜經》等佛教經典中說，白象代表菩薩本性善柔和有大勢威力；菩薩從兜率天降下來到人世，或乘六牙白象，或自己化身白象而進入母胎。

釋迦牟尼佛還是菩薩時，就是乘六牙白象王進入母親摩耶王后胎中，後來再出生為王子的。此「乘象入胎」是佛教藝術作品中很常見的題材。佛本生故事中，白象是佛陀過去生修菩薩行的經歷：一群被放逐的囚犯在沙漠深處饑渴將死，白象（佛陀的過去生）聽到慘痛聲，於是來對他們說，前面山麓有蓮花湖和剛摔死的大象，你們可吃象肉，並用象腸盛水，走出沙漠。然後，白象趕在囚犯們之前摔死山下。囚犯們到了山腳下，發現死象就是剛才的白象，遵照白象所說，食肉盛水出了沙漠。

■ 好神奇的六牙白象王

《觀普賢經》中說，普賢菩薩乘坐的六牙白象王，原本是大自在天王的長子，後來甘當坐騎，其形相是：白象身長四百五十由旬高四百由旬（一由旬為三十、四十或八十公里），比雪還白的鮮白色，長有六根長牙和七條腿，每條腿下長出一朵大蓮花。這頭白象的形貌非常神奇。

例如，象牙和象鼻上就有許多妙處：「於六牙端有六浴池，一一浴池中生十四蓮花，與池正等；其花開敷，如天樹王。一一花上有一玉女，顏色紅輝，有過天女，手中自然化為箜篌；一一箜篌，有五百樂器以為眷屬。有五百飛鳥、鳧雁、鴛鴦，皆眾寶色，生蓮葉間。」「象鼻有花，其莖譬如赤真珠色，其花金色。……其蓮花台是甄叔迦寶、妙梵摩尼以為花鬘，金剛寶以為花鬚。見有化佛，坐蓮花台，眾多菩薩坐蓮花鬚。化佛眉間亦出金光，入象鼻中，從象鼻出入象眼中，從象眼出入象耳中，從象耳出，照象頂上，化

佛法小常識

六度

六度修行是大乘佛教中相當常見的一個概念，是菩薩行的概括，普賢十大行願含攝了六度。六度的內容是：一、佈施——財施、法施、無怖畏施；二、持戒——諸惡莫作，眾善奉行；三、忍辱——難忍能忍，難行能行；四、精進——勇往直前，百折不撓；五、禪定——心攝一境，不動不搖；六、智慧——清明朗澈，自照照人。

作金台。」

　　這頭白象行走時距離地面七尺，但地上會出現網狀腳印，腳印的網紋中會出現蓮花，蓮花中有同樣的大象，大象舉足落足又生出七千頭象。這些象的鼻子上也有眉放金光的化佛，金光也在象鼻、眼、耳、頭中穿行，並在象背上變成金鞍，鞍上有眾寶合成的蓮花台，臺上坐著普賢菩薩。

　　自然界中並無長有六牙的白象，只有普賢這樣的大菩薩才有六牙白象這樣神奇的坐騎，正如《摩訶止觀》（隋朝智者著）所說：六牙白象總體上是昭示菩薩的神威聖潔。

■ 六牙白象成為普賢菩薩專駕的意義

　　六牙白象漸漸成了普賢的專駕，主要因為《法華經》的流行：其中普賢對佛陀承諾，自己要乘六牙白象王，保護世上那些在佛陀滅度後能受持《法華經》者。

　　白象也是普賢願行廣大殷深、辛勤不倦、篤實行履六度、功德巍巍的象徵，因為「普賢之學得於行，行之謹慎靜重莫若象，故好象」。

　　白象長有六根大長牙也是深有含義的，《普賢觀經》說，白象的六牙寓意佛教所強調的六種修成正果的方法（六度），白象的四足代表四種禪定（四如意）。

普賢菩薩頭戴五佛？

西元 1986 年，寧夏銀川新華街出土西夏時期的普賢菩薩鎏金銅造像，整體給人神聖肅穆之感。普賢菩薩面部圓潤祥和，雙目微閉，神態自若，結跏趺坐於象背鋪有蛟龍鬧海圖案的蓮花座上，手持如意，頭頂佛冠，身穿寬袖緊身袈裟，項掛瓔珞。大象屈肢而臥，柔順乖巧。

細心的讀者可能已經注意到，常見的普賢菩薩像所戴寶冠上比觀音的寶冠多四個小佛像，其排列是前面正中有個稍大些的佛像，兩邊各有二個稍小的佛像。普賢戴的這種寶冠叫五佛寶冠或五智寶冠，大日如來、金剛薩埵、虛空藏菩薩等也都戴這種寶冠。

寶冠上的五尊小佛像表示五方五佛，據《菩提心論》（唐朝不空譯）記載，五方五佛是大日如來為教化眾生，將其自身具備的五種佛智變化而來。

佛	方位	所代表的佛智	簡介
毗盧遮那佛（大日如來）	中央	法界體性智	法界本體性、佛性和佛法的表徵，是最高的法身佛。
阿閦佛（不動如來）	東方	大圓鏡智（金剛智）	住東方善快淨土世界，現仍在其國土說法。
寶生佛（平等金剛）	南方	平等性智（灌頂智）	住南方歡喜世界，表修行佛法之德和福聚之德。
阿彌陀佛	西方	妙觀察智（蓮華智）	西方極樂世界的教主，壽命無量。據經典說，持念阿彌陀佛名號，能往生極樂世界。
不空成就佛	北方	成所作智（羯磨智）	住北方蓮華世界，專司事業成就之德；據說此佛即釋迦牟尼佛。

　　五方五佛與四大菩薩成為中國佛教信仰的一大支柱。一般寺院在大雄寶殿供奉五方佛，並以毗盧遮那佛為主尊，也有寺院是供奉在毗盧殿或千佛殿裡。

普賢菩薩手持什麼東西？

河北正定隆興寺摩尼殿的明代造普賢菩薩像，色彩鮮麗。普賢菩薩一手橫持如意，一手結印，神態安詳。

細心看過古代菩薩造像的人會注意到菩薩手中往往持有東西，例如觀音像手中常持玉淨瓶和楊柳枝，千手觀音像手持東西更是多種多樣。菩薩手中所拿的這些東西叫法器或法物，不同的菩薩所持法物也往往不同。普賢菩薩手持什麼呢？

顯教經典中基本沒有講到過普賢手持什麼法物，所以造像中有持一枝蓮花的、有持三叉蓮花的、有手托盤花的、有手持摩尼寶的、有手持金剛杵的、有持如意的。今人所見普賢像多是宋代以後的，一般是手中拿持著佛經書卷；還有許多普賢像手持的是如意，例如四川峨眉山萬年寺無量殿的宋代普賢大銅像、重慶大足石刻北山佛灣第一三六號窟的宋代普賢像都是手持如意。

密教經典中對普賢手中所持法物，經典中有明確記載，而且與其造像一樣是多種多樣的。例如：金剛界的普賢（真如金剛）右手持蓮花，蓮上有寶劍，胎藏界的普賢則是左手持蓮花，花上有寶劍；金剛界和胎藏界的金剛薩埵都是右手持五智金剛杵，金剛界的金剛薩埵左手還持有般若波羅密金剛鈴；金剛界的降三世明王二臂，左手持三股金剛杵，右手持鈴鐺，胎藏界的降三世明王有多臂，手持五鈷杵、五鈷鉤等多種法物；步擲金剛明王左手持金剛杵，右手把旋傘。普賢手持的法物當然都有其含義和功用，例如，五智金剛杵就是大日如來所授，能摧毀十種煩惱，金剛鈴能以般若波羅蜜清淨法音驚覺眾生。

普賢十大行願中第一就是「禮敬諸佛」，雖貴為人間帝王，在諸佛菩薩前也來不得貢高我慢。圖為河南鞏義市北魏石窟寺中的帝后禮佛圖，它採用高浮雕的形式表現北魏皇室前往寺院禮佛的宏大場面。

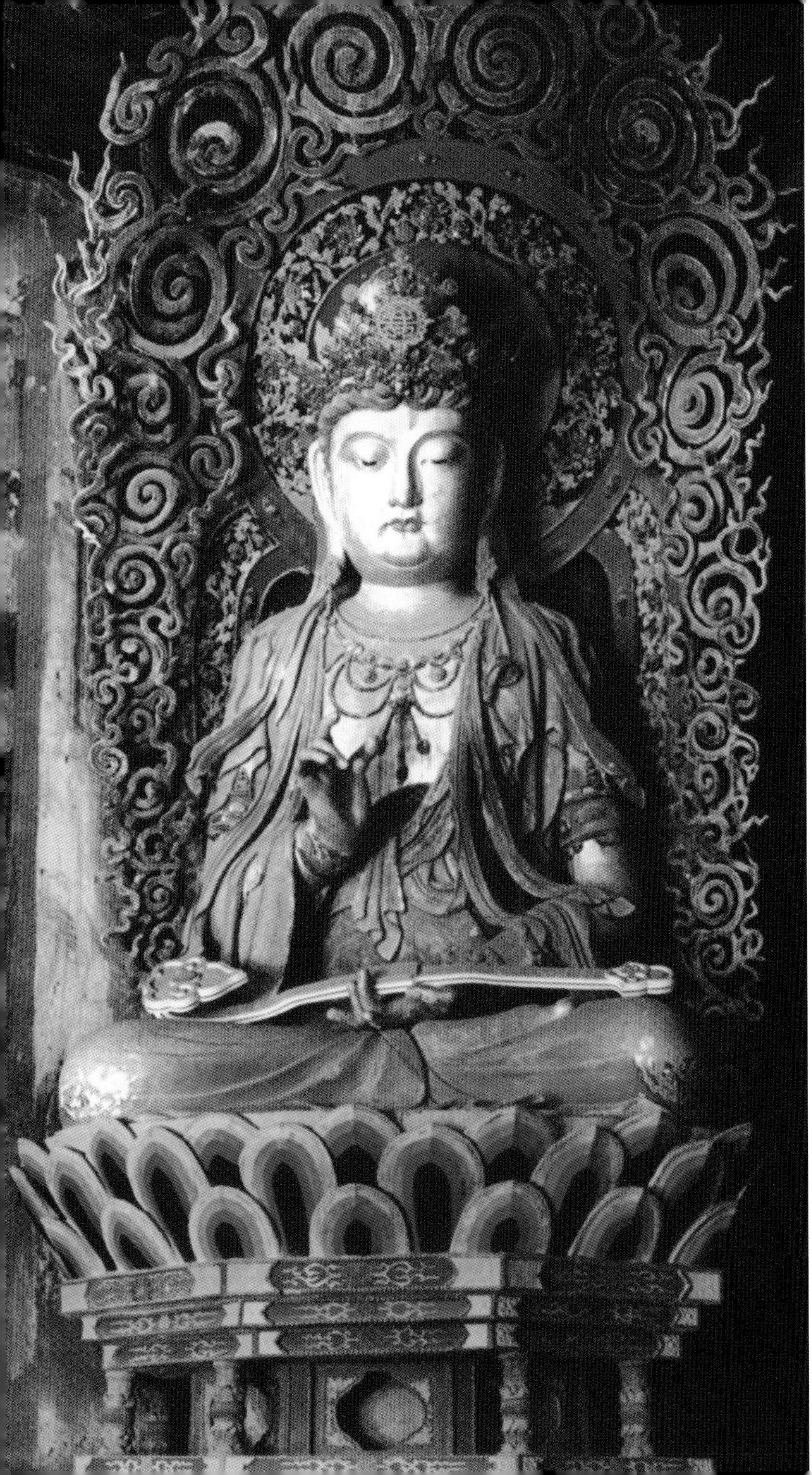

普賢菩薩向釋迦牟尼佛請教了四個什麼問題？

清朝乾隆年間佛畫名家丁觀鵬所作《法界源流圖》（吉林博物館藏）中釋迦牟尼佛會說法部分。畫中，普賢菩薩、文殊菩薩等敬聽釋迦牟尼佛宣說妙法。

（王露攝）

　　普賢菩薩的佛學境界極高，又好學不倦，心中時刻想著濟度眾生。據《大方廣圓覺修多羅了義經》（《圓覺經》）記載，普賢曾就有關菩薩因地修證的法門請教釋迦牟尼。

　　這天，佛陀入神通大光明三藏昧，示現淨土。普賢以此因緣，向佛陀請教了四個關於圓覺清淨境界的問題。

　　普賢首先提問：「修習大乘菩薩行的人，聽說了這個圓覺清淨境界後，應該如何修行呢？」

　　佛陀答說：「修習大乘菩薩行的人，應當遠離一切幻化、虛妄的境界。剛開始時，可以修習止觀作為基礎，首先努力做到讓內心停止攀附外緣，這樣就不會生起妄念雜情；然後再觀察世間一切事物，都是由因緣和合而成，是虛妄不真實的。因此，有止觀作為基礎，便能遠離一切幻化、虛妄的境界。」

普賢接著問：「假若世間眾生，知道世間一切事物都是幻化、虛妄不真實的，甚至連修行者本人的身心都是虛幻的，那麼，人們又怎樣就這虛幻的身心去修習遠離同樣是虛幻的外境呢？」

佛陀答道：「修行大乘菩薩行的人，不僅僅要遠離幻境，而且同時還要遠離以幻心離幻境的幻心。只有做到這一點，才能夠達到根塵雙忘、內外皆空的境界。」

普賢緊跟著問道：「假如包括能離的幻心和所離的幻境等一切幻性都泯滅了，那麼也就沒有能離幻境的心了，這樣又有誰能夠修行大乘菩薩行呢？」

佛陀回答說：「修習大乘菩薩行的人，在遠離幻心之後，還需要遠離以知悉幻心的幻智。因為如果僅僅只是遠離了幻心，卻偏愛於幻智，其實這也是一種心病，所以同樣也需要遠離。」

佛陀說完，普賢又提出了第四個問題：「假若世間眾生，從無始以來一直輪迴流轉於生死之中，恒常處於幻化、虛妄不實的境界裡，而自己卻毫無察覺，那麼，這些人的妄想之心又怎麼得到解脫呢？」

佛陀依然優雅從容地答道：「修習大乘菩薩行的人，儘管已經遠離了幻境、幻心、幻智，但心中如果還有一個離的概念，照樣也是需要遠離的。只有做到這個程度，才能最終覺悟到離無所離，就能消除世間的一切幻化不實的境界。拿個生活常識做例子吧，就像鑽木取火，火勢熊熊燃燒起來，但木頭最終在燒完之後，一切還是灰飛煙滅，歸於平靜。以幻修幻，也是同樣的道理。」

普賢提出的四個問題，一個緊過一個，道出了與會諸大菩薩和眾生心中的疑惑，而佛陀都以無上的智慧由淺及深、由表及裡、條分縷析進行了解答，闡明了諸幻盡滅、寂滅現前的真諦。按照佛經中菩薩、弟子通常請教問題的因緣來看，普賢向佛陀請教問題，更在同時消除了與會的各位菩薩和弟子們的疑問，使大家對因地修行法門有了更深刻更清晰的認識。

普賢菩薩的耳識圓通？

參觀佛寺，會看到有些寺院專門設立有圓通殿供奉二十五圓通尊像，普賢菩薩的塑像位於左邊第七位。二十五圓通尊像是根據《楞嚴經》所記載的一次法會而設的。

在這次法會上，釋迦牟尼問菩薩和大羅漢們最初發心求佛道時，是怎樣修行達到圓通境界的，有二十五位菩薩、羅漢一一敘說了自己修行悟入圓通的法門。普賢介紹的法門稱為「耳識圓通」；《楞嚴正脈疏》說，此為二十五圓通法門中最方便有效的。

普賢說，自己是從「心聞」（用入定中的意識聽）的方法入門的，以心聞之法「分別眾生所有知見」，從而達到「心聞發明，分別自在」。最初時只以耳識，隨著心念分別，能發出一切智慧光明，普照各種根機，得到大自在。如果在恒河沙數世界以外的遠方，有一眾生發心行普賢行，自己即乘白象分出千百化身，到發心者面前與他相見，即使是其業障太深而看不見普賢，普賢也會暗中為他摩頂，護持安慰，使他所願得到成就。

佛法小常識

二十五圓通

佛教認為眼、耳、鼻、舌、身、意（意識）是六種引起眾生心理變化的根源，對應的稱為眼根、耳根、鼻根、舌根、身根、意根，共稱「六根」；外界對應六根造成塵染稱為色塵、聲塵、香塵、味塵、觸塵、法塵，共稱「六塵」；六根對外界可產生對應的眼識、耳識、鼻識、舌識、身識、意識，共稱為「六識」。佛教認為世界由地、水、風、火、空、見、識構成宇宙萬有的基本元素，稱為地大、水大、風大、水大、空大、見大、識大，共稱「七大」。二十五圓通即二十五位證得清淨圓通境界的菩薩和大阿羅漢各自介紹的對應於六根、六塵、六識、七大的修行方法。《楞嚴經》對二十五圓通有最富代表性的總結。

朝鮮平壤妙香山普賢寺是東北亞地區的著名佛教古寺，初為華嚴宗道場，後改為禪宗曹溪宗勝地。其實，佛陀傳下八萬四千法門，法法平等，學者無論修華嚴還是參禪，契機契理便佳。

普賢菩薩的十大行願？

普賢菩薩是大乘佛教實踐精神的體現者，被稱為「大行普賢菩薩」，普賢的大行表述於「十大行願」中，十大行願又稱「十大願王」、「普賢願海」。

■ 十大行願有哪些？

《華嚴經》記載，普賢告訴善財童子及華嚴海會諸大菩薩說，要想成就佛的功德，應修「十大行願」：

「一者禮敬諸佛，二者稱讚如來，三者廣修供養，四者懺悔業障，五者隨喜功德，六者請轉法輪，七者請佛住世，八者常隨佛學，九者恒順眾生，十者普皆回向。」

普賢對十大行願的具體內涵進行了解說，並以《普賢廣大願王清淨偈》進行了再次強調。

普賢十大行願在藏傳佛教中又稱為普賢菩薩七支行願，並有相應的修持法，這七支分別稱為禮佛支（包括身禮、意禮和語禮）、供養支（包括有上供養、無上供養）、懺悔支、隨喜支、請轉法輪支、請住世支、回向支。

■ 十大行願的意義何在？

普賢自述的這十種廣大行願就是普賢行願，是菩薩發心願行的高度概括和總代表，是一切願行之王，代表一切菩薩的行願，是一切學佛人所應該修學的願行，所以稱菩薩的發心修行為入普賢願海。普賢行願代表一切菩薩大慈大悲的行事，即菩薩從初發菩提心，經六度萬行，到德行圓滿證菩提果，都是普賢。

普賢十大行願也是獲得菩提的捷徑，能圓滿十方三世諸佛和芸芸眾生，其功德之大，唯佛能知。普賢十大行願對中國佛教的實踐論具有重要影響，尤其體現在「懺悔法門」和「淨土法門」方面。普賢十大行願至今是漢地寺院和一般信眾的誦持常課，也是各種懺法儀軌的重要內容。

■ 十大行願的利益是什麼？

《普賢行願品》中對行普賢十大行願的功德有專門的講述：若有菩薩隨順趣入此普賢十大行願，則能成熟一切眾生，隨順無上菩提，成滿普賢菩薩諸行願海。又若有人以深信之心受持、讀誦、書寫此大願，則速能除滅五無間業等，行無障礙，受諸佛菩薩之稱讚、人天之禮敬、眾生之供養、圓滿普

賢所得之功德，成就微妙色身，乃至命終往生極樂世界，到即見佛，並蒙佛授記。唐朝澄觀大師（西元 773－839 年）、宗密大師（西元 780－841年）在其對《華嚴經》所作疏釋中，用既合佛教教理又非常切合中國人思維方式，指出修行普賢十大行願能除去何種障礙和獲得何種利益：

十大行願	除障	利益
一禮敬諸佛	除我慢障	起敬信善
二讚歎如來	除惡口障	得無礙辯才
三廣修供養	除慳貪障	獲大財富
四懺悔業障	除惡業障	成淨善戒
五隨喜功德	除嫉妒障	起平等善，得大眷屬
六請轉法輪	除謗法障	起慈善根，得多聞智慧
七請佛住世	除輕慢障	得福德智慧
八常隨佛學	除墮落退轉	得成佛利益
九隨順眾生	除我執障	得眾助益
十普皆回向	除狹劣障	生廣大善

　　後世高僧大德對修普賢行願的功德利益也有多種說明，總而言之，虔誠修行普賢十大行願就是實踐菩薩行，十大行願就是上成佛道、下化眾生之總持法門，功德無量。

普賢菩薩的老搭檔文殊菩薩？

左：
我們常見的佛教造像中，文殊菩薩是普賢菩薩的老搭檔，二者往往對稱出現。這尊銅鍍金文殊菩薩像，為明朝宮廷作品（西元 15 世紀半葉），做工比較精細，裝飾比較繁複。

右：
唐朝絹本《四觀音文殊普賢圖》局部之文殊菩薩像（英國大英博物館藏）。

普賢菩薩與文殊菩薩可謂是一對老搭檔了，無論是常見的佛教造像還是民間的印象中，普賢與文殊基本上都是一起出現的。文殊菩薩是誰呢？

▎文殊的身份

文殊菩薩，梵文 manjusri，音譯為文殊師利、曼殊室利，意譯為妙德（因其萬德圓明，皆徹性原）、妙吉祥（因其出生時家裏出現十大吉祥瑞兆）。經典中對文殊的身世有多種說法，

一種傳播較廣的說法是，文殊約與釋迦牟尼同時代，出生于古印度舍衛國，出世時有許多瑞相，相貌莊嚴跟佛一樣具有三十二相，後來隨佛出家。協助釋迦做了大量工作，使許多人接受了大乘教法。釋迦牟尼佛說法四十九年中，凡是大乘法會，皆有文殊參加。文殊引導許多青年比丘行普賢行，在印度南部宣傳大乘佛教，使龍族歸信了佛教。文殊遵照釋迦牟尼的囑託，在佛涅槃後和阿難等結集大乘經典，使大乘佛教賴以住世和發揚光大。

釋迦牟尼佛曾告訴金剛密跡主菩薩，大振那國（震旦國）有座五頂山，文殊將在佛涅槃後遊行在此山居住說法。中國在東晉後，崇信文殊之風日盛，信眾們認為山西的五台山即五頂山，五台山成為文殊道場和信仰中心。

▎文殊的地位

大乘佛教經典裏，文殊具有崇高的地位。通常的說法是，文殊已達到與佛相同的境界，是諸佛（包括釋迦牟尼佛）之師，諸佛最初發心皆因文殊教化，但為了方便度化眾生而示現菩薩相，文殊教化成就一切眾生，名聲普聞十方世界；文殊是眾菩薩之首，具有法王子的地位，經常協同釋迦牟尼宣講佛法，至今流傳的許多大乘重要經典都是由文殊發起的，以文殊聖號標立經題的經典也不少。

文殊一般與普賢同為釋迦牟尼佛的左右脅侍，文殊是智慧的化身，專司智德，與司理德的普賢相對應。文殊以修一行三昧著稱于世，一行三昧的要點是，要從規律或法則的總體上著眼觀察事物，不是就事論事去分別其差別相。文殊是大乘空義的奠基人，主張不著空不執有的「不二法門」。

華嚴三聖有誰？

北京法源寺的明代毗盧佛銅像，共三層，下層為千葉蓮瓣巨座，每一瓣上鏤一佛像；中層為四方佛向東、西、南、北；最上層為毗盧佛。毗盧佛即毗盧遮那佛、大日如來，為《華嚴經》所說之法身佛。

《華嚴經》描述了一個美麗完善、無窮無盡的佛國蓮華藏世界（又稱華藏世界、華藏莊嚴世界），毗盧遮那佛是這個華藏世界的教主。普賢菩薩與文殊菩薩是毗盧遮那佛的兩大最重要脅侍和助手，是上首大菩薩。毗盧遮那佛、普賢與文殊就構成為「華嚴三聖」。

正如從一般佛教造像中所看到的，普賢乘白象侍於毗盧遮那佛左方，文殊駕青獅侍於毗盧遮那佛右方，成為毗盧遮那佛所倚重的左右助手。除了在空間位置上的相對，普賢與文殊在內在德行上也是相輔相成和互為融攝的，普賢象徵理、定、行三德，文殊顯示智、慧、證三德。沒有實踐的願望，類於空談，沒有理解的實踐，變為盲從。普賢與文殊二者德行的配合，象徵藉由智慧契入佛法妙理，繼之以大行實踐，而得證悟清淨法身毗盧遮那佛。

《華嚴經》闡明一切佛法歸於毗盧遮那佛及普賢、文殊。普賢和文殊兩位大菩薩與毗盧遮那佛又表示了一個因果關係，即兩位菩薩是因，毗盧遮那佛是果，因為若能圓滿修行兩位菩薩所象徵的功德，就肯定能成佛了。人們總結《華嚴經》的法要，認為是華嚴會中毗盧遮那佛及普賢、文殊的法門，所以將此三尊共稱華嚴三聖。華嚴三聖正顯示了佛的理智合一、行證相應、解行並重、定慧雙修、般若與三昧相即，展現了毗盧遮那佛法身之德，象徵著大乘精神最究竟的完成。

在寺院中，我們常可見到將釋迦牟尼、普賢與文殊像三者並造在一起；很多時候是將文殊和普賢作為釋迦牟尼在娑婆世界弘揚佛法、教化眾生的兩大脅侍，此時文殊居佛左、普賢居佛右；有些寺院也將釋迦牟尼、普賢和文殊稱為華嚴三聖。

重慶大足石刻之華嚴三聖大像，造像體量高約七公尺，頂天立地，俯瞰紅塵。菩薩手托千斤寶塔，匠工巧妙地利用袈裟支撐其重力，保證了整個雕像的穩固性。中間為毗盧遮那佛，佛右邊為文殊菩薩，左邊是普賢菩薩。

普賢原來是地名？

印度佛教分為早期部派佛教（原始佛教、小乘佛教）、中期大乘佛教（顯宗）、晚期大乘佛教（密教），普賢在這三期佛教中都有體現。佛教經典中，最早的「普賢」是以地名出現的！而到大乘佛教完全確立「普賢菩薩」，經過了相當長的時間。

從地名到菩薩名號

印度小乘佛教早期出現的佛經《阿含經》中，已經有提到「普賢」。《長阿含經》的同本異譯《起世經》（隋代闍那崛多譯）中，提到有一處重要的名勝叫「普賢苑」，能讓人生起清淨美妙的快樂。《雜阿含經·央掘魔羅經》（劉宋求那跋陀羅譯）中則說西方很遠處有「普賢國」，國王名「普賢慧」；普賢國是眾生皆能棄惡從善、修行成佛的國度。《大毗婆娑論》（唐朝玄奘譯）中也提到有座「普賢山」。

稍後的佛經中出現了普賢菩薩的名號，「普賢」從地名至菩薩名，是很大的變化。普賢類經典的產生不遲於西元 200 年左右。例如，《生經》（西晉竺法護譯）中說：釋迦牟尼佛初成道時，「普賢菩薩」在眾多菩薩中以願行著稱，是諸菩薩行的集中代表。《悲華經·諸菩薩本授記品》裡，普賢已有了佛所具有的多個名號，且日益豐滿了。

大乘佛教裡普賢菩薩的演變

在大乘佛教成立不久，中亞和西域（今中國新疆一帶）已知道普賢菩薩。在西元二世紀至三世紀時便有傳說，稱大月氏國（約今阿富汗、巴基斯坦與中亞部分地區）的一處佛寺中有普賢像，曾有癲瘋病人一心一意發願祈求，得普賢像以右手摩其身，當即病癒。

中期大乘佛教的主流教派裡，空宗的經典裡很少提及普賢，有宗的根本經典裡則沒有提及，可能是因為這兩宗都太重視理論了，而普賢最大的特點是實踐佛教；但在性宗的主要經典，普賢的功能與重要性得到充分發揮。例如，《法華經》中普賢被描繪成「以自在神通力，威德聞名」的大菩薩，是護持《法華經》的行者，是代佛宣法的代言者。普賢正在變為眾生修行佛法的行為規範和榜樣。《華嚴經》中普賢已成為中心人物，集中了以前印度佛教經典中所讚揚的普賢的優點，並樹立了新的形象，是引導眾生成佛的領袖，普賢十大願行是對眾生的直接要求，規定了眾生的行動範圍和落實目標，普賢成為所有佛教信眾效法的榜樣。

敦煌菩薩把普賢菩薩請到中國？

甘肅敦煌莫高窟之 394 號窟
隋唐之際的壁畫釋迦牟尼佛
說法圖，畫面作對稱的格
局，為中間是佛祖和旁邊侍
立迦葉、阿難二弟子和普
賢、文殊二菩薩，圖上半部
畫菩提、寶蓋，兩側畫四伎
樂飛天。全圖構圖疏朗，調
色明麗，富有表現力。

考察普賢菩薩信仰的歷史，可以說獨立的普賢菩薩信仰是在中國形成
的。而普賢是如何來到中國的呢？

普賢菩薩初到中國

歷史上，西域（約今新疆）比中國內地更早地接觸到佛教，是佛教傳入
內地的重要途徑。在伊斯蘭教勢力約於西元十一世紀攻佔西域前的很長一段
時間裡，當地人民全都信仰大乘佛教。普賢先是來到了西域，然後隨著到中
國內地弘法的僧侶進入內地。

《華嚴》、《法華》的傳譯及理論發展，對普賢信仰有決定性的影響。約
西元二世紀東漢時，《兜沙經》（支婁迦讖譯）將華嚴思想首次傳入內地，
但沒有提到普賢的聖號；三國孫吳時已有《法華》傳譯，但影響不大且很快
失傳了。因此，普賢首到中國內地，與「敦煌菩薩」竺法護的關係最大。

竺法護的助手聶道真居士翻譯《三曼陀跋陀羅菩薩經》，第一次將普賢
菩薩介紹到中國內地，普賢的名號按梵文音譯為「三曼陀跋陀羅」。法護曾
兩譯《法華》，西晉太康七年（西元 286 年）在長安第二次譯出《正法華
經》，其《樂普賢品》中的「普賢菩薩」，是現存漢譯佛經中最早的「普賢
菩薩」記錄。

竺法護所譯經典，在中國普賢菩薩信仰史中具有里程碑的意義，為普賢
信仰提供了較強的經典理論基礎。《樂普賢品》的重點在於確定普賢在釋迦
牟尼佛教系統中的地位。法護還譯出其他一些華嚴類經典，都把普賢作為菩
薩行的代表。隨著這些經典的流傳，普賢漸漸進入了一些中國信眾的心中。

兩晉時期的普賢菩薩

佛教在中國傳播的整體形式，是先在上層社會弘傳，然後向下層社會普
及。皇室和士大夫階層的支持，對於佛教的發展起到過特別重要的作用，尤
其在魏晉南北朝到隋唐時期。早期的普賢信仰也離不開這種國情。

兩晉時期上層社會流行佛教的般若學說，並與中國傳統的老莊玄學相結
合，清談玄理、論空說有成為時尚。這也影響到此期普賢類經典的翻譯相對
顯得很少，雖已具備普賢信仰的理論基礎，但兩晉社會沒有形成廣泛的普賢
信仰。不過，普賢類經典與般若學說是有一定內在聯繫，普賢類經典強調
法身的本體實在性，將普賢樹立為菩薩行的模範，為修行佛道樹立了榜樣和
目標，對以後的普賢信仰奠定了基礎。

佛法小常識

竺法護

竺法護大師（約西元三
世紀至四世紀間），是
中國佛教的重要開拓者
和偉大宣傳家，人們尊
稱之為「敦煌菩薩」，
對兩晉時期的佛教發展
起過關鍵性作用。法護
祖先是月支國人，世代
僑居敦煌。法護精通佛
教和梵文等數十種語
言，往來西域與內地四
十七年，辛勤求經譯
經，是兩晉時期翻譯佛
教經典最多的大師，所
譯經典數量多、品質
高、範圍廣，共一五四
部三〇九卷，影響廣泛
而深遠。法護組織團隊
參協譯經工作，主要助
手有聶承遠、聶道真父
子等。兩晉所譯華嚴類
經典，大多是法護等人
之功。

甘肅敦煌高窟 196 號窟東壁北側的《普賢變》，是中唐時期創作的，人物眾多，構圖飽滿，場面宏大。

妙法蓮華開·普賢乘象來

　　普賢菩薩得到廣泛信仰，很大程度上是因為《法華經》的廣泛傳播，而且普賢乘白象的形象也來自於《法華經》。你知道嗎？今天流通最廣的為姚秦三藏法師鳩摩羅什譯《法華經》，其實是集體合作的成果。

▌《法華經》的六次中譯

　　《法華經》引起多位大師的重視、多次被重譯，其重要性和影響力也可想而知。下表是《法華經》中譯情況簡介：

譯經名稱	中譯次數	譯者	譯成年代	譯本存亡
《法華三昧經》	第一譯	支彊梁接（正無畏）	三國孫吳五鳳二年（西元 255 年）	很快失傳
《薩芸芬陀梨法華經》	第二譯	竺法護	西晉太始元年（西元 265 年）	很快失傳
《正法華經》	第三譯	竺法護	西晉太康七年（西元 286 年）	至今仍傳
《方等法華經》	第四譯	支道林	東晉咸康元年（西元 335 年）	很快失傳
《妙法蓮華經》	第五譯	鳩摩羅什	後秦弘始七年（西元 405 年）	至今流傳
《添品妙法蓮華經》	第六譯	闍那崛多、達摩笈多	隋朝仁壽元年（西元 601 年）	至今仍傳

▌鳩摩羅什譯經創紀錄

鳩摩羅什大師在法護《正法華經》譯文基礎上，參照新得到的梵本而譯出《妙法蓮華經》。羅什創下了兩個譯經之最：

一是場面最為隆重盛大，因為此次譯經已是國家行為，後秦皇帝姚興親臨長安逍遙園譯場，並擔任讀誦法護譯本的助手，當時名僧竺道生、僧肇、僧融、僧睿等二千八百餘眾參與推敲新譯文。

二是譯文最為權威，因為據羅什說，自己譯經時在夢中得到了普賢的指點，並且普賢評定其譯文正確地表達了原義。

羅什主譯的《妙法蓮華經》譯文共七卷二十七品，《普門品》中無重誦偈，後人將南齊法獻法師於高昌（今新疆境內）所得《提婆達多品》、闍那崛多於益州（今四川境內）譯出的《普門品偈》與唐玄奘所譯《藥王菩薩咒》一起編入，構成了後世流通最廣的七卷二十八品內容，一般所說《法華經》即此本。

而《法華經》得到廣泛流布和信仰，普賢也就得到了佛教信眾的廣泛認知和信仰。普賢在中國之影響，鳩摩羅什功不可沒。

《妙法蓮華經》刻本
遼代（916-1125）
山西應縣木塔
佛陀在靈山說法所說的就是這部《妙法蓮華經》，旨在闡述人人皆可成佛。（王露攝）

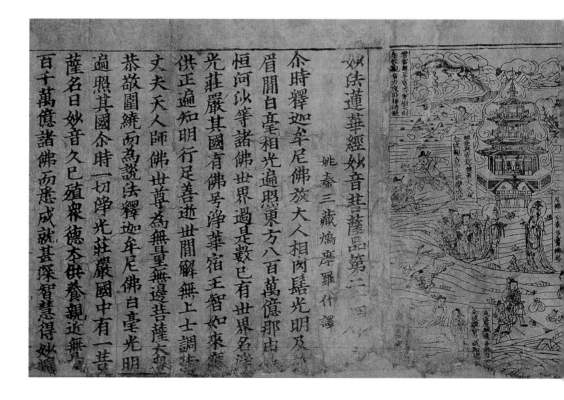

▌法華宗與普賢菩薩

《法華》自譯傳後，就有許多高僧大德潛心研究。南朝至隋期間，慧思大師（西元 515－577 年）和有「東土小釋迦」之譽的智顗大師（西元538－597 年）以《法華經》為根本經典，創立了中國本土的第一個佛教宗派法華宗，因其主要道場在浙江天臺山而又稱天臺宗、台宗。

普賢受到法華宗的特別尊崇。專門宣講《法華》的法會，最後都要以講《觀普賢經》作為結束；智顗很重視普賢信仰，完善了慧思開創的法華三昧體系，使之成為台宗宗風所系，修習法華三昧亦即現普賢道場，最後的境界是普賢乘白象示現於修習者面前，智顗親自撰著了《法華三昧懺儀》、《普賢菩薩發願文》等，影響至今。

法華宗的弘法活動和應化事蹟，對普賢信仰起到了推波助瀾的作用，使普賢進入了更多中國人的心中。

左：
佛教在日本擁有廣泛的信眾，日本佛教日蓮宗以《法華經》為根本經典。圖為日本的扇面《法華經》摘錄。

右：
北京雲居寺石刻佛經《妙法蓮華經》（西元 7 世紀初）拓片。此石經為隋朝靜琬法師等為使正法永傳而刻，其時《法華經》在中國已有相當廣泛的弘傳和影響。

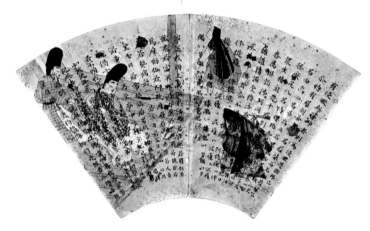

佛法小常識

鳩摩羅什

　　「秦朝朗現聖人星，遠表吾師德至靈。十萬流沙來振錫，三千弟子共翻經。文成金玉知無朽，舌吐蘭芳尚有馨。堪歎逍遙園裡事，空余明月草青青。」唐太宗李世民的《贊羅什法師》詩寫道。

　　鳩摩羅什大師（西元 343—413 年），是中國佛經四大譯家之一，佛學大師和神僧。羅什祖先本是印度貴族，他生長於龜茲（今新疆境內），兒童時出家，青少年時已成為著名的大乘佛學家，並具多種神通。前秦皇帝符堅因仰慕羅什盛名，專門派兵出征西域以迎請羅什到中土，但歸途中時局變動，羅什滯留涼州（今甘肅境內）多年；後秦弘始三年（西元 401 年），羅什才被請到長安。後秦皇帝姚興對羅什優禮有加，大力支持其譯經弘法。

　　羅什共譯出三十五部二百九十四卷佛教經典，對中國佛教具有里程碑的意義，具有十分深遠的影響，像《法華經》、《阿彌陀經》、《金剛經》、《維摩經》等至今仍廣為傳誦。羅什的弟子據說有三千之多，其中僧肇等是中國佛教史上很有影響的高僧。

　　也許是諸佛菩薩為了眾生更好地理解而苦口婆心，梵本經典往往相當繁瑣。羅什鑑於中土人士喜簡厭繁，譯經時刪繁就簡，抓住主要思想，力求做到言簡意賅、文采斐然而又契合妙義，並創造了一種融梵入華的新文體，也做到了翻譯的信達雅，所以人人愛讀。對於自己在翻譯經中削枝去葉，羅什曾說若所譯經典正確表達了諸佛菩薩的意思，自己圓寂火化後舌頭不爛，後來果如其言。

《華嚴經》的譯傳與普賢菩薩

　　《華嚴經》全稱《大方廣佛華嚴經》，在佛教經典中不但篇幅最大，而且地位最為崇高，被稱為「經王」。《華嚴經》中出現了很多菩薩，但以普賢菩薩為領銜主角。弘揚《華嚴經》必然要宣傳普賢，弘傳《華嚴經》的過程也是傳播普賢信仰的過程。

▋《華嚴經》的傳譯因緣

　　東晉時，支法領奉慧遠大師之命去西域求取戒律經典，十年後，於東晉義熙四年（408 年）回到長安，而取回的經典中有《華嚴經》梵本，可算意外收穫。巧的是，佛馱跋陀羅大師（359－429 年）也歷經艱險於同年來到長安，並於十年後的東晉義熙十四年（西元 418）在揚都（今南京）將這部《華嚴經》譯成了中文！此譯本共六十卷，又稱為晉譯華嚴、六十華嚴。此《華嚴經》譯本和之後傳入的華嚴屬經，對中國佛教的發展和普賢信仰，產生了巨大的影響。

　　晉譯華嚴流傳約三百年後，根據武則天的旨意，實叉難陀大師（西元651－710 年）在洛陽主譯梵本更全的《華嚴經》，菩提流支、義淨、圓測、法藏等大師協譯。武則天聖曆二年（西元 699 年）《華嚴經》新譯竣工，共八十卷，此譯本又稱唐譯華嚴、八十華嚴。譯畢舉行了由法藏大師主講的盛大法會，出現了大地震動的祥瑞感應。武則天親自為譯本寫了一篇序言，還施錢依《華嚴經》教義而開造了洛陽龍門石窟中最為傑出的奉先寺石窟，而派去主持工程的是善導大師。唐譯華嚴內容品目更為豐富，規模之壯觀，思想之高深，表現之豐富，令人歎為觀止，譯文華麗典雅、清晰流暢，也是極佳的文學名著，成為後世最流行的版本，對傳播普賢居功至偉。

　　唐朝貞元十一年（西元 795 年），天竺烏荼國國王將自己抄寫的梵本《華嚴經》進貢給唐朝皇帝；隨後，般若三藏法師將其譯為中文，此譯本共四十卷，為八十華嚴《入法界品》的異譯異行，但增加了許多內容，又稱貞元華嚴或四十華嚴。在流傳中，信眾將貞元華嚴最後一卷抽出單行，即普賢為善財宣說十大行願的《普賢菩薩行願品》，此經至今是最基本的佛教課誦經典之一。隨著普賢十大行願的廣泛傳播，普賢的佛教意義也得到了根本確立，普賢成為一代又一代佛教信眾所崇拜、效法的榜樣。

█ 華嚴宗與普賢菩薩

　　隋唐時期是中國佛教發展的高峰，各大宗派也紛紛建立。杜順大師（西元557－640年）、智儼大師（西元602－668年）、法藏大師（西元643－712年）等依晉譯華嚴創立了華嚴宗，澄觀大師、宗密大師等以唐譯華嚴為基礎對《華嚴經》進行了深入研究和廣泛宣傳。雖然唐朝佛教是百花齊放的局面，但華嚴宗顯然更受皇室重視，幾代祖師都被封為國師，而普賢的號召力也與日俱增，例如，從保存下來的唐朝文物中，就可以見與今日所見普賢乘白象「標準像」幾無差別的雕塑！宋代力弘華嚴的淨源大師（西元1011－1083年）擬訂了《普賢行願品修證儀軌》，其弟子還將華嚴宗和普賢信仰傳到國外。

誰是普賢費思量？

　　佛教因應世人的根機，將高深的教義和佛菩薩形象進行了具像化，製造了大量佛像，所以也被稱為像教。隨著《法華》和《華嚴》的翻譯、弘傳，中國人心中逐漸產生了對普賢菩薩的信仰，也開始了敬造普賢像。你知道嗎？早期的普賢像因為沒有特徵而難以辨識，直到普賢乘上白象，我們才能確切辨認出來。

▊ 有像難辨的普賢菩薩

考察中國佛教造像藝術史跡，可知最早的普賢造像是作為釋迦牟尼的脅侍或華嚴三聖之一出現的。然而，我們不能確切知道哪尊像是普賢，因為早期普賢像沒有圖式特徵，與其他菩薩像幾無區別，而且，普賢、文殊在佛主尊身旁的左右位置也不確定。

至於有文字名款的早期造像，仍然讓人遺憾：例如甘肅炳靈寺石窟第一六九號窟的西秦弘始元年（西元 420 年）所作壁畫，中間是釋迦佛、左前有文殊，右前方顯然應有普賢像，但牆壁破損而看不到了！

造像是伴隨信仰而興起的，雖然這些造像中無法辨認誰是普賢，但可知普賢信仰約在西元五世紀起已在許多地方興起了，特別是在佛教傳入較早、發展較盛的中原和西北地方。

▊ 乘著白象的普賢菩薩出現了

而可以辨認的乘象的普賢造像，也在西元五世紀時期出現了：例如，北魏時期開造的山西雲岡石窟第五號窟（西元 446－494 年），其南壁東上部顯然是普賢菩薩造像——菩薩以如意坐姿式坐在象背上；同屬北魏時期開造，但稍晚於雲岡第五窟的甘肅慶陽北石窟寺第一六五號窟也有一尊普賢菩薩乘象像，普賢薩前後多了跪著的童子和象奴。

普賢乘白象造像的出現，說明普賢信仰已有了比較深刻的影響，普賢在中國人心中的形象也日益明晰起來了，《法華經》的傳播更為廣泛和深入了。

◄

這是甘肅敦煌石窟榆林窟的一組壁畫，猜得出誰是文殊菩薩？誰是普賢菩薩嗎？西元八世紀末，也就是中唐時期，文殊與普賢二菩薩便經常成組出現在敦煌石窟裡。文殊騎鬆毛白獅，左手持如意，右手做辨識印；普賢騎六牙白象，左手持如意，右手也是做辨識印。菩薩身旁各有隨從菩薩手持幢幡，幢幡隨風輕輕飄動。座騎白獅、白象足踏蓮花，邁開四肢昂首怒吼，前有牽引的黑臉崑崙奴（或說是西域優填王）。

路昭太后與普賢菩薩的故事

這尊大約作於西元 1930-1940 年代的菩薩造像，為白玉鎏金質地（眉間飾以翡翠），白玉部分溫潤秀美，鎏金部分質樸簡潔。不知是造像者有意還是無意，此造像不合常見的形式：從菩薩手持法器玉瓶和頭上冠戴看，是觀音菩薩；從菩薩座下是大象看，是普賢菩薩。其實，根據佛教教義，我們對此既不要執著於事相，也不要有分別之心。禪宗大師有喝佛罵祖、燒像烤火之舉，也無非是「破執」的道理。我們可視此造像為菩薩形象而禮敬之，亦可僅當它是件工藝品罷了。

南北朝是中國大動盪的時期，也是中國佛教大發展的時期，皇室更是普遍信奉佛教。南朝劉宋的路昭太后是最早將普賢菩薩進行獨立崇奉的人之一。

路昭太后出身平民，年輕時美麗異常，史書中特別說明她以「色貌」而入選皇宮，後來因兒子繼位而成為太后。路昭太后有時想到自己所享受的這份天下第一的尊榮富貴而內心有些不安，於是發心祈求諸佛菩薩加被。

劉宋大明四年（西元 460 年），路昭太后命白馬寺僧曇標具體負責，在京城的中興寺內敬造了極其雄壯精麗的普賢乘六牙白象像，並專門設立了齋講法會。十月八日法會即將結束這天，皇帝也親自出席，非常隆重，戒備森嚴。忽然就見有位陌生和尚坐到了僧眾中，風神瀟灑俊朗，引得所有人都注目。齋主過去和他談話，很是投機，這位陌生和尚卻忽然不見了。大家看到了剛發生的事情，都認為這是普賢化身參加法會。大明八年，路昭太后又建立了普賢寺。

還有一個故事：路昭太后的粉絲（fans）之一道溫法師，照著太后的形象造了一尊裝飾華麗的普賢像，也設了齋講法會。法會快結束那天，參加的僧人不多，安排好了坐次，大家依次就座。將近中午時，忽然看見有位異僧列席法會，相貌舉止非常端嚴，眾人矚目，但誰也不認識他。齋主於是上前詢問，異僧自稱法號慧明，從天安寺來。正說話間，異僧忽然不見蹤影。眾人既驚且慚，認為是普賢來度化，自己卻不知覺。

路昭太后所造普賢聖像早已失傳，但獨立的普賢造像的出現表明，隨著《法華》、《華嚴》的流行和影響，在西元五世紀中葉時，普賢已成了中國佛教的主要信奉對象之一，對普賢的認識已達到了新的高度。

元代銅鍍金金剛薩埵像（首
都博物館藏），造像風格結
合藏漢。這尊像微向左傾，
戴花冠；面頰豐滿，五官生
動。上身袒露，飾項圈和長
鏈，下身著薄裙，手足戴有
釧鐲，裝飾上都鑲嵌綠松
石。帔帛在身後做成環狀，
形同頭光和身光。跏趺端
坐，右手執金剛杵，左手執
金剛鈴。

明清時期佛教造像向宮廷式
樣和民間流派兩極分化發
展。宮廷造像工藝細膩華
麗，裝飾性較強而宗教感人
度稍弱，民間造像則各有千
秋。這尊明朝民間造銅鍍金
普賢菩薩（首都博物館
藏），造型端莊，做工也比
較精細。

唐僧用高科技手段傳播普賢信仰？

峨眉山上報國寺的普賢菩薩
（劉小農攝）

《西遊記》中唐僧的原型就是唐朝的玄奘大師。歷史上的這位唐僧不但是佛門龍象，而且在弘法上還是個時尚先鋒，他曾用高科技手段傳播普賢信仰！

玄奘所著《大唐西域記》記載，旅居在中印度時見聞一位學問深厚、言行高雅的耶犀那（勝軍）老居士，七十來歲時拋開其他事情，只一心一意於學習佛經，夜以繼日地抄寫佛經，然後置放於五六寸高的香泥小佛塔，積少成多之後，再建大佛塔聚集供養，勝軍居士在三十年間共寫經七億！

玄奘很受勝軍居士的事蹟感動，晚年也要身體力行。但是玄奘回國後，譯經講經、造塔建寺等工作非常繁重，哪裡還有餘力大量抄寫佛經？怎麼辦呢？玄奘注意到了當時的 IT（資訊技術）發展前沿——木版雕刻印刷術，這在當時可是高科技的東東，於是大膽採用木版雕刻印刷代替手工以加快進度。據文獻記載，從唐高宗顯慶三年（西元 658 年）至龍朔三年（西元 663年）五年間，玄奘用回鋒紙印刷普賢菩薩像，施贈四方信眾供養，而且印刷像數量很大，每年約二十萬至二十五萬幅，總共達到了上百萬幅！

玄奘精研的是理論性極高的法相唯識學，雖然法相宗也重視《華嚴經》，但玄奘大量印發的菩薩聖像只是普賢，而非觀音、文殊、彌勒等菩薩，這是頗有意思的事情：也許是普賢以實踐佛教教義著稱而想向大眾強調佛教實踐修行的重要？也許是因為玄奘自己發心往生彌勒淨土，而普賢正有這樣的承諾吧？也許是因為隨《法華》、《華嚴》的弘傳而普賢信仰已很有影響了——例如，吉藏大師（西元 549－623 年）是三論宗的一代宗師，一生中就曾抄寫《法華》二千遍、講解《法華》三百多遍，講解《華嚴》數十遍，並專門設置普賢像進行禮拜，對著坐禪觀修。但不管怎樣，玄奘作為當時世界佛學界泰斗，在朝野僧俗中極受尊崇和有具有巨大的影響力，其印施普賢像對普賢信仰在中國的傳播起到了很大的推動作用。

普賢菩薩標準像的背後秘密？

唐代以後的佛教造像中漸漸固定的模式是普賢菩薩在主佛尊右側，文殊菩薩居左。內蒙古巴林左旗林東後召廟遼代石窟寺的這些二造像還有唐代遺風，普賢菩薩仍在主佛左側。

　　考察佛教文物文獻，可知中國佛教信眾對普賢菩薩的信仰，經過了兩晉南北朝時期的播種、發芽，到隋唐時期已發展到比較成熟，例如，前面說過的南北朝時已有獨立供奉普賢像的事情、唐代的普賢乘象像跟後世所見的普賢標準像幾無差異。但一般還是認為，中國的普賢信仰在北宋時期才完全獨立確定。而這不只是佛教發展水到渠成的事情，更是中央的政治需要。

普賢標準像的政治背景

　　五代時中原戰亂，四川相對比較安定，佛教也得以穩定地傳播。北宋開國不久，宋太祖鑑於可利用佛教安定民心，就叫停了後周的毀佛政策，允許重興佛教。四川地方官員不斷地將峨眉山有普賢示現祥瑞的事情上奏朝廷。朝廷當然重視，因為普賢示瑞可證明本朝取得天下是奉天承運，於是派內侍前往峨眉山為原有的普賢泥像鍍金。宋太宗太平興國四年（西元979年），

又召峨眉山白水寺住持茂真入朝，賜送經書等，茂真回山後擴建寺院，改名白水普賢寺。

太平興國五年（西元 980 年），宋太宗又派內侍攜黃金三千兩到成都購銅，鑄造普賢乘象銅像，並於峨眉山置大閣供奉。這尊現在供奉在萬年寺明代建築的無量殿內的普賢乘六牙白象大銅像，從此成為了峨眉山普賢信仰的核心和最著名的普賢菩薩標準像。

宋太宗詔鑄的這尊普賢乘象大銅像，在中國佛教史和普賢信仰發展史上都具有重大意義：一是標誌著獨立的普賢菩薩信仰完全確立起來了，因為普賢此前基本上都是作為脅侍菩薩出現，而這尊普賢大像是以主尊身份獨立出現，周圍更有三千尊鐵佛像環繞；二是峨眉山作為佛教聖地之一的崇高地位自此確立，峨眉山作為普賢的道場，已不再僅是民間的信仰了，而是成為國家正式承認和支持的信仰。

考察宋太宗鑄普賢像的真實意圖，政治的考量多過了皇室對佛教的信仰，除了前面說的安撫民心和宣揚天命外，還因為其時宋朝與遼朝兩國交兵不斷，而宋朝又經常處於弱勢，當時的佛教信仰中心名山、國際性佛教道場山西五台山處於宋遼邊境，宋朝並不能穩穩控制，而信佛民眾要爭取、天朝正統要維護、國際影響要保持，於是將與文殊對等的普賢請出來，建立另一個佛教中心以為抗衡，也是不錯的選擇了。

內蒙古呼和浩特的萬部華嚴經塔。此塔起建於遼朝，原是為了存放眾多《華嚴經》卷而修築，故稱萬部華嚴經塔。

普賢菩薩的道場峨眉山

上：
四川峨眉山金頂又稱「光明之頂」、「幸福之頂」，是當今世界上最大、最壯觀的佛教朝拜中心，也是峨眉山佛教文化精華薈萃之處。

下：
清朝光緒年間編輯刻印的中英文對照本《峨山圖志》書中的版畫四川峨眉山總圖。

> 「以普賢視峨眉，不啻滄海之一滴；而峨眉有普賢，則如芥子納須彌。所以雖僻處西陲，而名高五嶽。與補怛（即普陀）、清涼（即五台），同為朝野所崇奉者，以有大士應化故也。」
>
> ——印光

中國四川的峨眉山是普賢菩薩在這個世界上的的主要道場。據《華嚴經·菩薩住處品》說，西南方有光明山，一直就住著許多菩薩，現有賢勝（普賢）菩薩與其眷屬等三千人常住其中演說佛法。人們普遍認為，光明山就是峨眉山。

■ 普賢菩薩來到峨眉山

可能因為四川是道教的重要發源地吧，峨眉山最早是道教勝地，為道教的「靈陵太妙洞天」，一直到唐朝時都道教興盛，山上至今還有許多道教遺跡和傳說。據說在東漢末年（西元一世紀中葉），佛教經南絲綢之路由印度傳入峨眉山地區。宋朝記載的傳說說，東漢末藥農蒲公上峨眉山採藥發現一隻鹿，就跟著追去，到山頂卻沒了蹤影，忽然聽見天上傳來陣陣仙樂，抬頭只見五彩奇光祥雲飄然而去。蒲公疑惑不解，就請教據說已壽命千歲的寶掌和尚，寶掌認為這是普賢示現瑞相。於是蒲公舍宅為寺，或說在今金頂創建了普光殿。

　　考據文獻中較可信的記載，普賢來到峨眉山最早是在東晉時期。慧遠大師的弟弟慧持法師（西元337－412年）從廬山來到四川弘法，在峨眉山修建了普賢寺（唐朝稱白水寺，明代改名萬年寺）。南北朝時，峨眉山大興佛寺；到唐朝時，峨眉山幾為禪宗一統天下；五代時，峨眉山佛教繼續發展，普賢也成為越來越多中國人的信仰對象。峨眉山道教勢力隨著佛教的發展而日趨衰微，不斷有道觀改為佛寺、道士改做僧尼，最後一座道觀也在清朝初年改成了佛寺。

▌普賢菩薩道場的確立

　　經過北宋初年朝廷的扶持，峨眉山成為中國信眾的普賢中心道場，也成為世界普賢信仰的中心道場。明朝時期，峨眉山與山西五台山、浙江普陀山、安徽九華山並稱中國佛教四大名山，無數佛教信眾從四面八方來此禮拜普賢菩薩。峨眉山佛教全盛時期，寺院林立，梵宇琳宮依山而建，有的隱藏於翠林樹海之中，有的聳立於高山峻嶺之巔，有的建於深壑幽谷之內，有的築於危崖絕壁之畔，與峨眉山水和諧地結合在一起，僧尼數千，名僧輩出，香火鼎盛，信眾從斯里蘭卡、印度、東南亞、日本、朝鮮半島和國內各地來此朝拜普賢菩薩。

　　明朝時，明太祖曾贈萬年寺土地財物；明太祖之子朱模捐金三千兩在峨眉山第二高峰最高處建大峨山金殿，因金殿的瓦、柱、門、欞等皆銅質滲金，陽光照耀之下，金光燦爛，故從此民間都稱金頂；明神宗曾賜重金對金頂進行修整。清朝有八位皇帝曾賜贈峨眉山寺院匾額、佛像等。

　　歷史滄桑，世事如幻。峨眉山現有寺院三十座：報國寺、伏虎寺、清音閣、洪椿寺、仙峰寺、洗象池、金頂華藏寺、萬年寺等較為著名，佛教文化、古代造像、珍貴文物和寺院建築均甚可觀，隨處可禮拜普賢聖像。峨眉山佛教音樂獨樹一幟，佛門武術和氣功是中國武術三大流派之一。

四川峨眉山伏虎寺的明代銅鑄華嚴塔。此塔堪稱現存古代中國銅塔之最，高大精良，工巧秀麗，塔身鑄有《華嚴經》、《藥師經》全文和近五千尊小佛像。

▊ 佛光聖燈天下奇觀

日出、雲海、佛光、聖燈，是峨眉山的四大奇觀。四大奇觀集於金頂，金頂是世界上最壯麗的觀景台。

佛光是峨眉山獨有的、極富神秘色彩、最難以看到的奇景。每當風靜日朗，雨雪初歇，陽光朗照，光映雲海，下午兩三點鐘以後，人們站在金頂睹光台下望，有時會看到七彩光環浮於雲際，自己的身影籠罩於光環之中，舉手投足，影隨人移，互不相失，幻變之奇，出人意外。無論有多少人並排觀看，人們所見也只是自己的身影而絕無雙影，故又名「攝身光」。佛家將此稱為「光相」，佛光大小、色彩、形狀不同，也有不同的名稱。科學界將之定名為「峨眉寶光」，認為是日光折射和衍射產生的。但為什麼有的人又看不到呢？

聖燈（佛燈）與佛光一樣聞名遐邇。午夜時在金頂上看群山，捨身岩下峽谷林莽中，忽見一點兩點如豆的晶瑩閃耀的光亮升起，漸次百千萬點，象徵一盞盞的明燈，忽上忽下，飄曳騰湧，時而散舞，星星點點，時而相聚，絪絪團團，彷彿銀河繁星墜落在山中，令人眼花心動，稱為「萬盞明燈朝普賢」。關於聖燈，科學界至今也無明確說法。

佛法小常識

峨眉風光天下秀

只有峨眉山這樣美麗神奇的地方才配作普賢菩薩的道場。

峨眉山屬邛崍山脈，位於四川盆地西南部，包括大峨、二峨、三峨、四峨四座大山，一般說的峨眉山主要指大峨山。大峨和二峨兩山相對，遠遠望去宛若螓首蛾眉，細而長，美而豔，故而得名。主峰萬佛頂、金頂比五嶽中最高的華山高出近千公尺。峨眉山以悠久的佛教文化、優美的自然風光、豐富的動植物資源、獨特的地質地貌而著稱於世，素有「高出五嶽，秀甲九州」、「峨眉天下秀」的稱譽，被人們稱之為「佛國仙山」、「植物王國」、「動物樂園」、「地質博物館」，被聯合國教科文組織列入世界自然與文化遺產名錄。

普賢行願與血書佛經

書寫佛經是學習和傳播佛法的重要方法，佛教認為刺血寫經功德殊勝。圖為安徽九華山珍藏的明代高僧無瑕和尚耗時二十八年刺舌血所書的《華嚴經》。

「血書一法，攝歸普賢行海，條列《梵網》戒章」；「禪師三學，血書經王，余為發明，三皆佛學。俾滴滴血，皆從普賢毛孔中流出。一一滴中，具大千經卷，無別有也！」

——智旭

到一些寺院觀禮，知道這寺院中的鎮寺之寶是血經——即信眾用自己的血液當墨抄寫的佛教經典——令人讚歎不已。

在印刷術發明之前，傳播流布的佛經基本上全靠信眾手工抄寫。佛經常講到抄寫佛經具有很大的功德，是信眾修行的一種重要方法。至於血書佛經，則可能是受《普賢行願品》中所說的影響：「剝皮為紙，析骨為筆，刺血為墨，書寫經典，積如須彌。為重法故，不惜身命。」《梵網經》、《智度論》中也有類似說法。中國佛教史上，信眾刺血書寫佛經蔚為壯觀，但與流布經卷已有出入，主要目的是供養佛經、實踐普賢行願實。明朝智旭大師曾明確指出血書佛經與普賢行願的聯繫。

血書佛經的注意事項

弘一大師（西元 1880-1942 年）曾就血書佛經的事情請教印光大師，印光大師講了一些注意事項，茲摘錄如下：

一、刺血寫經，有純用血書者，有合金、合朱（朱砂）、合墨者。若合金、朱、墨等，則只要少許血，摻上淨水即可。若純用血寫，則要先將血接於潔淨的小碗中，然後用長針盡力攪動以去其筋，使血不糊筆，才可隨意書寫。

二、用紙須選先用白礬礬過的，以防滲開，也可省血。血合金書經，要用藍色紙，但亦不如白紙上寫墨字、朱字看得明顯。

三、刺血可取舌、指、臂或胸前，斷不可從身體上自心以下部位取血，若用則獲罪不淺。若寫小部頭經，則舌血可能夠用，若寫大部經和純用血書，一般用指、臂血較好，以免用舌血過多而傷身心。若刺臂血較多，一時寫不完，可在最初即用血合朱砂作成錠曬乾備用，但研時宜用白芨再研以防脫落。刺血前數天不能吃食鹽及調味大料等，以免血液有腥躁濁氣。

四、刺血寫經者必須恭敬志誠，寫字要用楷體，一筆一畫認真書寫，不要用行草體寫經。

中國人以血寫佛經的最早記錄，可能是天臺智顗大師在金陵瓦官寺講《法華經》時以「自以身血，書定經而講」，天臺宗高僧楚金（西元 698－759 年）刺血書寫《法華經》一部；傳世最古的實物則是敦煌石窟遺書中的北新八七九號寫卷，為晚唐天複二年（西元 902 年）敦煌三巉山地區寺院住持虔誠刺血抄寫的《金剛經》、《觀音經》，至今色彩鮮明。從宋朝開始，文獻中有了更多刺血寫經的記載，例如，宋朝釋祖南在二十七年間一直刺血書寫《阿彌陀》、《法華》等經典。

宋代以後，特別是明清時期至今，有很多高僧大德和在家信眾刺血寫經，其中又以血寫《華嚴經》、《法華經》者最多，寫單本的《普賢行願品》者更多，而且血書整部八十卷六十餘萬字《華嚴經》者最後常加寫《普賢行願品》。血寫整部《華嚴經》，往往要費數年甚至數十年心血才能寫成，像安徽九華山百歲宮珍藏的明朝無瑕法師刺舌血書寫的《華嚴經》，無暇以黃精、野果充饑，歷時二十八年始成。如果是刺舌血寫經，則要先用針挑出其血筋，古代有人刺血寫《華嚴經》，後來竟用日積月累的血筋塑成了一寸多高的佛像！

中國收藏血書佛經最多的地方，可能是蘇州和福州。蘇州西園戒幢律寺即元朝釋善繼血書《華嚴經》一部、明朝釋書弘血書《華嚴經》一部及無名氏血書《法華經》七卷。福州湧泉寺藏有清末釋華能、釋定慧刺臂血書寫的佛經六百五十七冊。

血書佛經既表明了普賢行願的深刻影響，也推展了普賢信仰的影響。

古典小說中的普賢菩薩與白象王

　　文學藝術往往反映了一個時代的社會情況。例如，從宋代文學家蘇轍的詩《畫文殊普賢》、釋曇華的詩《吉彬老二姪女繡普賢菩薩求贊》所描述的人們造普賢菩薩像的情形，可知宋代已有很多人信仰普賢。而明清時代的古典小說中，已有很好聽的普賢故事，則說明普賢在此時不但已深根於一般百姓，而且影響到了文人階層。這裡選錄幾則故事。

■《西遊記》第二十三回的普賢菩薩等測試唐僧師徒的心性

　　唐僧師徒四人傍晚來到一處山莊投宿。莊主是寡婦，有三個女兒。莊主想讓唐僧四人留下來跟她們配對結親，帶著三個靚麗的女兒到廳上拜見唐僧師徒。唐僧、孫悟空、沙和尚並不動心，只有豬八戒春心萌動很是願意，目不轉睛地盯著看，低聲溫柔地說：「有勞仙子下降。娘，請姐姐們回去吧！」姑娘留下一對紗燈，轉入屏風後去了。婦人問讓誰留下招親，沙和尚和孫悟空就讓八戒去。

　　八戒跟著婦人往裡一層又一層不知走了多少屋子，一路受了許多絆腳磕撞，才來到內堂，八戒問婦人把誰配給他，婦人交給他一方手帕，讓他頂在頭上遮住臉，再讓三個女兒從前面經過，八戒抓住誰就是誰。八戒趕忙頂上手帕道：「娘！請姐姐們出來吧。」婦人招呼女兒出來，只覺環珮聲響，蘭麝香襲，仙子來往，但豬八戒左搶右抓，怎麼也撈不著一個，東撞柱子西碰板壁，跑得又累又暈，磕跌得鼻青臉腫，最後坐在地上直叫：「娘啊！你女兒乖滑得很，累死我了，我撈不著呀！」

　　婦人說：「不是她們乖滑，是她們不肯招你。」八戒說：「那乾脆你招了我得了。」婦人就說：「你這沒大沒小的！我女兒心靈手巧，一人結了一件珍珠嵌錦汗衫，哪件你穿上合身，就讓哪個女兒招你。」八戒趕緊拿過珍珠錦衫就穿，還沒來得及繫衣帶，就聽撲通一聲跌倒在地上，珍珠錦衫已變成繩子將八戒捆得結結實實，勒得疼痛不堪。莊主母女也不見了蹤影。

　　唐僧、悟空、沙僧早晨醒來一看，哪裡有什麼山莊，原來昨夜是睡在松柏樹間。有株古柏上掛了張紙帖兒，上面寫著：

　　黎山老母不思凡，南海觀音請下山。普賢文殊都是客，化成美女在林間。聖僧有德還無俗，八戒無禪更有凡。從此靜心須改過，若生怠慢路途難。

　　原來，昨晚的婦女們是黎山老母、觀音、普賢和文殊變化的，目的是為了試探唐僧師徒。

山西洪洞廣勝上寺毗盧殿的明朝造普賢菩薩像。普賢菩薩亭亭玉立於大象背上，整體造像繁簡適當，濃淡和諧，渾然一體。

■《封神榜》第八十三回普賢真人收伏靈牙仙

　　文殊廣法天尊（即文殊菩薩）在准提道人幫助下收伏了虬首仙青毛獅子當坐騎的第二天，老子和元始天尊又親臨陣前向通天教主叫陣。通天教主的兩儀陣內沖出靈牙仙應戰，元始天尊派普賢真人（即普賢菩薩）去接招破陣。

　　普賢真人對靈牙仙說：「你好不容易才修煉成人形，為啥來多事？打得你現了原形可就後悔也來不及了！」靈牙仙揮劍便刺，普賢真人提劍迎戰。靈牙仙退回兩儀陣，普賢真人緊追入陣。靈牙仙祭動兩儀妙用，施截教玄功發雷聲來困普賢真人，普賢真人從眉間泥丸宮中現出化身，面如紫棗，巨口獠牙，三頭六臂，手執降魔杵，一下就鎮住了靈牙仙，並用長虹索捆住，令黃巾力士提回。

　　老子叫南極仙翁去現了靈牙仙的原形。仙翁用三寶玉如意打了幾下靈牙仙，靈牙仙只得現出六牙大白象的原形。於是老子把白象賜給普賢真人當了坐騎。

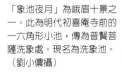

「象池夜月」為峨眉十景之一。此為明代初喜庵寺前的一六角形小池，傳為普賢菩薩洗象處。現名為洗象池。（劉小儂攝）

普賢行願歸淨土

「普賢願王，度眾生導歸極樂；菩提心切，弘佛道返入娑婆。」

——趙藩題雲南昆明普賢寺

　　中國佛教淨土宗，主張專心念阿彌陀佛名號，仗阿彌陀佛之願力，即可往生極樂世界，此殊勝之法三根普被，利鈍全收，簡便易行，很快就風行開來，形成「家家阿彌陀，戶戶觀世音」的局面。唐代以降，佛教各宗都兼修淨土念佛法門或與淨土宗融合，後來淨土更是一枝獨秀，即使現在被一些人認為時尚的藏密也在開始大弘淨土法門了。

　　《普賢行願品》將十大願王與往生阿彌陀佛淨土聯繫起來，而且是上品上生，所以受到淨土信眾的重視。隨著淨土信仰的普及和流行，《普賢行願品》被奉為淨土修行的根本經典之一，普賢菩薩受到越來越高的重視，普賢信仰也更普及和流行。

▌普賢菩薩與淨土宗

　　早期淨土宗人並未特別重視普賢菩薩，主要可能是因為其法門與淨土宗所主張的念佛法門不一樣。最早與普賢發生關聯的淨土宗人應是唐代淨土宗祖師法照大師（西元 747—821 年），法照說普賢曾出現在他的五會念佛道場，還為他摩頂。雖然法照宣傳這些事主要是為了弘揚淨土法門而非普賢信仰，但也從側面說明當時普賢已有相當大的影響了。少康大師（西元 ？—805 年）曾習誦《法華經》、《楞嚴經》和《華嚴經》，與普賢有過間接的關聯。五代時淨土宗祖師、據說是阿彌陀佛應化的延壽大師（西元 904—975 年），每天都要禮拜諸佛和普賢等大菩薩，日常持誦《法華經》和《華嚴經·淨行品》等，曾專心修行法華懺，在半夜見到普賢。這是第一位淨土宗祖師修普賢法門而見到普賢。宋代淨土宗祖師省常大師（西元 959—1020 年），曾刺血書寫《華嚴經·淨行品》，並刊行千份贈眾，此舉與普賢行願亦有聯繫。

　　到了明朝後期，淨土宗大師開始相當重視普賢。淨土宗祖師袾宏大師（西元1535—1615 年），對《華嚴經》很有造詣心得。淨土宗祖師智旭大師（西元1535—1615 年）重視普賢信仰，以普賢願海會通華嚴與淨土、勘辨禪淨與往生淨土、以普賢行願讚歎血書佛經。智旭常將普賢行願與文殊智慧並提，認為普賢行願在於下化眾生，文殊智慧在於上求成佛，是淨土乃至整個佛教修行的核心內容，普賢行門涵蓋了一切行門，歷代淨土宗祖師都是

按近代佛教宗師印光大師等據佛經所論,普賢行願終究導歸極樂淨土,普賢菩薩是淨土宗在地球世界的初祖。重慶大足石刻之寶頂山 18 號窟的《觀無量壽佛經變相》,為南宋時期作品。造像上部為西方淨土盛況,中為西方三聖像,下部及左右刻三品九生、十六觀等。
(王露攝)

以普賢行願和文殊一行三昧為修行的根本。要生淨土,必研究華嚴,要真識華嚴,必往生淨土。智旭明確表示,血寫佛經就是修行普賢行願;「普賢十大願王,導歸極樂,誰敢收用權乘!」

淨土信眾禮拜普賢菩薩

清朝淨土宗祖師省庵大師(西元 1686—1734 年)曾多次講《法華經》、《楞嚴經》;徹悟大師(西元 1741—1810 年)曾修學《法華經》、《楞嚴經》。他們對普賢法門都有瞭解,並非只限於傳統的淨土經典。到清朝中後期,因為僧界鮮有解行超卓的大師出現,一些實有學修的傑出居士出來大力弘揚正法,並產生了深遠的影響。其中,魏源居士(西元 1794—1857 年)在指出普賢與淨土的關係上,對四眾的觀念最有影響。

魏源為清一代的思想大師,是中國早期「睜眼看世界」的代表人物之一,主張「師夷長技以制夷」,晚年退居潛心佛學,取法名承貫,求出世之要,最後歸向淨土。魏源所處時代,中國國勢日衰、遭受列強不斷凌侵,具極強愛國愛民之心和佛教大慈悲之心魏源,既要尋求出世之法,又不忘尋找濟世之道,在對佛教深入研究與修行中認識到,從出世法來說,淨土宗應從《阿彌陀經》所開示之持名一法入手,最後以《普賢行願品》為歸宿,從大乘佛教濟世法來說,應以普賢行願落實到謀求民生國計。魏源將《普賢行願品》列入淨土宗根本經典,與《無量壽經》、《觀無量壽經》、《阿彌陀經》三部一直被視為淨土宗根本經典的佛經一起,刻印為《淨土四經》傳播流布。

魏源此舉契合我佛教義,是很有見地和經得起檢驗的;而且從佛法中求濟世法,對近現代一些仁人志士很有影響,也啟發了西元二十世紀以來中國佛教之人間佛教思潮。近代楊文會居士辦金陵刻經處,首先刊刻的就是包括《普賢行願品》的《淨土四經》。《普賢行願品》列入淨土宗經得到了包括印光大師在內的眾多高僧大德的贊同,《普賢行願品》成為了信眾經常持誦的經典。

從清末以來,普賢信仰正式成為淨土信仰的重要組成部分。普賢行願歸於淨土,往生淨土要行普賢,成為佛教信眾的基本信仰,普賢也與眾生有了更廣泛、深入和密切的聯繫。

如何持普賢齋戒？

齋戒是佛教信眾的一種重要修行方法，信眾以此來清淨身心，反省言行，惕勵精進。如何修持普賢齋戒呢？

■ 何為齋戒？

出家人受了比丘戒或比丘尼戒後，要求終身奉持齋戒。而在家居士，則可持比較方便的八關齋戒，其內容是：不殺生、不偷盜、不淫欲、不妄語、不飲酒、不坐臥高廣大床、不化裝打扮及觀看歌舞、不食非時食（正午後不再吃飯）。這些規定中，前七項是戒，後一項是齋。

持八關齋戒之法，佛原來制訂為一日一夜，不得過限，但若有能力能持受，一日過畢，可依次再受持，全隨自己量力而行，不計日數。通常持八關齋戒有六齋日和十齋日。六齋日是農曆每個月的初八、十四、十五、二十三、二十九、三十這六天，出家人在這六天中也要集會一起舉行布薩。《雜阿含經》說，四大天王及其屬下將在這六天裡出巡人間，視察善惡。六齋日再加上農曆每月初一、十八、二十四、二十八這四天，就成了十齋日。

自從唐朝末年以來，中國佛教信眾便在十齋日分別持念十位佛菩薩的名號，滅罪祈福。傳至今天，農曆每月十四日即是普賢菩薩的齋戒日，這天要念普賢名號，讀誦《普賢行願品》，按照儀規持八關齋戒。

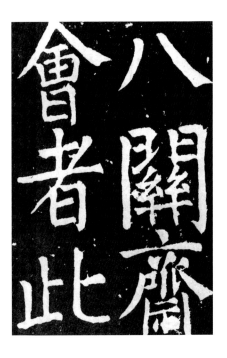

八關齋戒會是佛陀為在家弟子所制定的短期（一日一夜）出家的方法，讓受戒者可以學習出家戒法的方便法門。此河南商丘開元寺的《八關齋會報德記》（局部）是重要的歷史文物和書法藝術傑作，系唐代大書法家顏真卿晚年所撰文並書寫的。

■ 八關齋戒的持法

這裡根據智旭大師、弘一大師所訂立的受持八關齋戒法，將持八關齋戒的儀規介紹如下，無論受持者曾經是否受戒，都可受持，在六齋日或生日、諱日等，都宜發心秉受。

一、皈禮（三遍）

我某甲（自己的名字）皈依佛，皈依法，皈依僧，一日一夜為淨行優婆塞／優婆夷（男的說優婆塞，女的說優婆夷）！惟願一切佛菩薩攝受於我！

南無阿彌陀佛！

農曆每月十四日是普賢菩薩
齋日。山西晉城青蓮寺南殿
的宋代普賢菩薩塑像，可窺
見對唐朝藝術風格的沿襲。

二、持戒

我某甲若身業不善，若口業不善，若意業不善，貪欲瞋恚愚癡故，若今世、若先世有如是罪，今日誠心懺悔，身清淨，口清淨，心清淨，我某甲一日一夜受行八戒，一不殺生、二不偷盜、三不淫欲、四不妄語、五不飲酒、六不非時食、七不華髮莊嚴其身及歌舞伎戲、八不坐臥高廣大床。

三、回向

我今以此八關戒齋功德，四恩總報，三有齊資，普與眾生，同生淨土。

南無阿彌陀佛！

普賢菩薩有哪些法門？

　　普賢菩薩在佛教中化表實踐化佛法，上求佛道下化眾生，重在實踐修持。普賢有哪些常見的修持法門呢？

普賢法門	出典	特色
十大行願法門	《普賢行願品》	普賢菩薩的根本法門，也是非常殊勝的法門
耳識圓通	《楞嚴經》	從「心聞」的方法入門修證到圓通境界
普賢十忍	《華嚴經‧十忍品》	以忍成佛
觀想法	《觀普賢菩薩行法經》	觀想普賢菩薩形象的一種修法

風光佳絕的四川峨眉山處處充溢著普賢菩薩文化。圖為峨眉山仙峰寺外摩崖石刻大字「南無普賢菩薩」。

如何修持普賢三昧？

普賢三昧在佛教界可謂人所共知，影響極大。普賢三昧又稱為「法華三昧」、「法華懺法」，因《法華經・普賢勸發品》中普賢於法華會上誓言將於法華三昧道場，現身守護安慰法華行者；佛教講贊普賢功德的普賢講法會，常在「法華三昧堂」舉辦。

顯教普賢三昧的修法

經典根據	《觀普賢菩薩行法經》、《法華經》；鳩摩羅什《思惟略要法》、慧思《法華經安樂行義》、智顗《法華三昧懺儀》可為參考
具體修法	以普賢為本尊，三七日一心精進，如說修行，誦持憶念《法華經》，諦觀諸法實相中道之理，懺悔六根之罪障
普賢十忍	若成就此三昧，則普賢乘六牙白象，示現於道場

此修法中，懺悔六根具有重要意義。普賢十大行願的第四願就是「懺悔業障」，《觀普賢經》更強調通過懺悔清除因六根對萬有的執著而產生的種種罪垢，保持六根清淨。讀誦佛經，學習佛法，是滅罪增福、成就佛道的重要方法。天臺宗很重視此修法。行此法須先潔淨道場與身體，其次禮拜勸請諸佛，懺悔眼、耳、鼻、舌、身、意等六根之罪，行道、誦《法華》、行觀法等，為期二十一日。

佛法小常識

何為三昧？

三昧是梵語（samvādhí）的音譯，又作三摩地，意為等持、正定等，即將心定於一處、不為外界所擾的狀態。《悲華經》中，普賢菩薩還是泯圖王子時，在寶藏如來面前發起上求佛道、下化眾生的菩提心。泯圖希望得到佛的加持，獲得比其他菩薩更殊勝的菩薩三昧，並具體而又有前瞻性地說出所願獲得八個三昧：一願獲得出離三世勝幢三昧，二願獲得不退三昧，三願在佛面前獲得無依止三昧，四願獲得一切身變化三昧，五願獲得功德力三昧，六願獲得不眴三昧，七願獲得無諍三昧，八願獲得首楞嚴三昧。泯圖希望獲得這八個三昧，可具備多種非凡的能力，目的在於增進修行，化度眾生，而不是為了追求神通。

如何修持普賢菩薩的淨土法門？

近代高僧弘一律師曾深入研習《華嚴經》，並創作了數百副《華嚴經》集句對聯。圖為弘一律師手書《華嚴經》集句對聯之一。

如來境界無有邊際

普賢身相猶如虛空

世間淨眼品第一靈會那佛品第二

普詣大方廣佛華嚴經偈頌集句

歲在辛未三月若菴居士敬書

明州大慈莊嚴院沙門亡言

根據《普賢行願品》中所說，修持普賢十大行願者於一，那就能往生極樂世界見到阿彌陀佛，並得到佛的授記。按淨土宗九品往生的劃分，此果報是上品上生。往生極樂，而且上品上生，是淨土信眾孜孜以求的事情。那麼，如何修持普賢菩薩弘傳的淨土法門？

《普賢行願品》中，普賢在講述了普賢十大行願後，說若有人堅定信仰普賢行願，並讀誦、受持、書寫、為別人講說普賢行願，就能得到往生極樂世界的福報。而據四十華嚴在解釋十大行願修法時的講說，前述修法必須以憶想諸佛現前為皈依境界，即要與觀想念佛相結合。

《如來不思議境界經》中，普賢對德藏菩薩說，要想求無上菩提，發心欲證普賢三昧，應當遠離妄言胡話和各種無益的事情，想像自己看到佛的金色莊嚴美好形象，有無量化佛在圓光中次第而坐，心想阿彌陀佛等十方世界無量諸佛如在眼前，表達對諸佛的極尊重恭敬之心和信仰，一心不亂，念念不忘，還想像自己向佛奉獻妙花奇香和種種供養。這樣一心勤修，滿二十一天，有福德者立即就能見佛示現在面前，前生造業太重者一時見不到，但只要一心精進也將很快見到佛出現在面前，就可以捨身往生極樂世界，常見阿彌陀佛。

而《普賢菩薩行願讚》（唐朝不空大師譯）中說：「我當習學於彼時，一切善根悉回向，一切三世諸如來，以此回向殊勝願，我皆一切諸善根，悉已回向普賢行，當於臨終捨壽時，一切業障皆得轉，親睹得見無量光，速往彼剎極樂界。」也就是說，既要發心修普賢行願，還要將修普賢行願的所有功德回向給一切諸佛和眾生。

普賢菩薩信仰早已傳播到日本等國，圖為西元 12 世紀時的日本繪畫普賢菩薩像（美國華盛頓弗利爾美術館藏），明顯受到中國唐宋時期的佛教造像藝術影響。

山西平遙雙林寺大雄寶殿內的明朝年間的普賢菩薩彩塑。普賢菩薩面目端麗,略有宋、金時期造像遺風。

普賢行願與人間佛教？

「諸佛皆出人間，終不在天上成佛也。」

——《阿含經》

「佛法在世間，不離世間覺。離世覓菩提，猶如覓兔角。」

——《壇經》

　　佛教是人間的佛教，必須在人間學佛求道，在追求成佛上，就是天上的神仙也比不上人有優勢。普賢菩薩的十大行願是實踐佛教的總括，學修普賢行願也必須從人間的一切做起，如何在人生中修習普賢行願呢？

▌ 禮敬諸佛

　　禮敬諸佛是要以清淨的身、口、意三業，要求心觀想、身禮拜、口稱念，內外合一，真誠崇拜，敬仰十方三世一切諸佛。《華嚴經》說：「情與無情，同圓種智。」即諸佛是包括一切眾生，且佛是已覺悟的眾生、眾生將來都會成佛，所以要以對諸佛菩薩的禮敬平等對待眾生。禮敬諸佛是學佛入門的關鍵一步，能去除貢高我慢之心，進展效果極快。佛典中說，從前有高僧就以見人就拜而取得成就；今天在西藏等地可見到信眾經年累月地叩等身長頭禮佛。

▌ 稱讚如來

　　稱讚如來，要用各種最美好的語言、聲音、文辭（例如可用音樂、唱歌和寫詩等方法）至誠至敬地稱讚諸佛所做的種種難行能行、難忍能忍的言行，稱讚諸佛所成的種種功德、智慧、神通、慈悲，要稱讚諸佛的法身、報身和應身。對於未成佛的眾生，則要持稱讚、欣賞之心，要稱讚善的，對非善則不稱讚也不非議。

　　佛經中說：釋迦牟尼因為肯稱讚如來而比彌勒早成佛道；善財童子五十三參，對每位善知識都是禮敬，但對勝熱婆羅門（外道，代表愚癡）、甘露火王（動輒生氣，代表瞋恚）、伐蘇蜜多（淫女，代表貪欲），禮敬而不稱讚。

▌ 廣修供養

　　為什麼有的人能中樂透彩？有的人長得漂亮？有的人得享財富？……佛經中說：是因為這些人前世曾供養諸佛、樂善好施。色都佛時，有貧困樵夫

重慶大足石刻之寶頂山大佛灣 22 號窟「十大明王」造像中的降三世明王（右）和馬首明王（左）。手持金剛杵的降三世明王為金剛手菩薩所化，馬首明王是觀世音菩薩所化。

攢資買了一枚金錢，蓋在盛滿水的瓶上供佛，後來生生世世有用不盡的金錢，直到釋迦佛時，出家也不須乞食，人稱金錢比丘，最後修成羅漢。又有人在佛像上將佛所騎的象塗金以敬佛，此人轉生至釋迦佛時，因家有一頭象便溺都能成金而富可敵國。

廣修供養即用財物、佛法供養十方三世一切諸佛、眾生。廣修供養，不僅包括捐資出物給寺院或為眾生解決生活的匱乏，自願獻輸血液、移植器官或因救助他人而犧牲，而以自己修學世間有益眾生的知識、道德以完善自己，並把這些知識、道德無私地造福人群、傳授他人，以自己對諸佛所教如法信解、受持、誦讀、願行，並遵守佛教正法，用種種方式為眾生講授，使眾生也能信仰、理解和修行，則是更上的法供養。

▌懺悔業障

懺悔業障就是以至誠至真之心悔悟自己身、口、意三業力所造做的過失（錯誤行為、言語和心理），請求諸佛菩薩和眾生的饒恕，洗心革面作新人。懺悔業障在佛法修學裡是關鍵、是樞紐，無論修學佛教的何種法門都必須以清淨無垢之心去納受，因此必須懺悔業障。懺悔是眾生改往修來、淨化身心的良方，要真誠發自內心地懺悔，才可除滅罪業並得福德。中國佛教中

各宗各派依據各種經典所訂的懺法很多，可依古德所作懺法進行。例如：據《觀普賢經》所載，在家眾的懺悔法有五種：不謗三寶，至修六念（念佛、念法、念僧、念戒、念施、念天）；孝養父母、恭敬師長；端正身心，以慈悲、道德待人；六齋日不殺生；相信因果。我們日常生活中可以說好話懺悔，捐善款懺悔，勤勞服務懺悔，成就他人懺悔，用感恩報德的心懺悔，以禮佛謝罪的心懺悔。

佛經記載：佛陀的堂兄提婆達多出家後，曾犯下多種極重之罪，直至臨終時還起惡心，以毒塗指想毒害佛。忽然地生猛火焚燒其身，提婆達多被逼產生一念悔意，想向佛陀求救，但僅稱「南無」二字就斷了氣，直墜地獄。提婆達多因臨終一念悔意和出家的善根功德，所以僅受一劫阿鼻地獄之苦，即可上生天上，於六十劫內不墮三塗，然後下生人間，出家學道。提婆達多的好友阿世闍王也曾犯下殺父母等重罪，後來由於宿生善業因緣，突然省悟，而往佛陀前求哀懺悔，從佛修學向善。以此懺悔修善功德，雖難免地獄果報，但得重罪輕受，後轉生天，二十劫不再墮三塗，最後報生人道，出家修行，證辟支佛果。佛陀滅度後一百年間，印度有阿育王，兇殘好殺，以殺為樂。後得為海羅漢感化，阿育王心生慚愧，求哀懺悔，自此敬信三寶，廣造塔寺，大興佛教，為佛教護法功臣。

▌隨喜功德

「隨喜」本指聽聞佛法時內心產生喜悅而皈依佛教；「功德」指做善事和得到善報。「隨喜功德」就是看到眾生為善行善事，就像自己所做一樣，心生歡喜，表示讚歎，樂觀其成，盡心盡力去積極支持幫助，成人之美善。佛經中說：嫉妒之為患，僅亞於慳貪與嗔恨，嫉妒忌害是破壞人善根、障礙人合作的大敵。

▌請轉法輪

「轉法輪」是譬喻佛陀說法，因為輪子有轉動破障之功德，而佛說法有令人轉惡向善、轉凡成聖、摧毀煩惱、粉碎生死之功德。請轉法輪即至誠懇請諸佛講說佛法，把佛教廣泛地傳播給眾生，弘揚正法，使之皈依。現在我們這個世界處於佛陀已滅的無佛時代，但是有正知正見的高僧大德在講法、有佛教經咒在流通，我們能做的就是虛心誠意地請求法師大德為眾生代佛說法，只要是真正有修、有學、有德行的佛門弟子，無論是出家的還是在家

清朝畫家羅聘繪製的《普賢菩薩像軸》（上海博物館藏），畫面上白象以鼻擎紅蓮供奉坐於祥雲的普賢菩薩。羅聘在「揚州八怪」中年輩最晚，但其畫能兼擅眾長，自闢蹊徑，別具一格。

的，能夠給我們作榜樣、指導我們修學者，都應禮請講法，以使眾生去惡向善，轉凡成聖，同時積極支持佛法的傳播、佛教經典的流通，按照佛陀的教導身體力行、以身作則。

▌請佛住世

請佛住世即懇切至誠地勸請哀求佛陀常住世間，弘法利生。在佛陀已入滅的時代，即要懇請有正知正見的菩薩、高僧大德和大善知識等長住世間演說佛法，自己心中念念在佛，並努力使佛經、佛像流傳久遠。

▌常隨佛學

常隨佛學即以十方三世諸佛為榜樣向諸佛學習，理解、掌握並實踐佛法的根本精神，具大慈悲大智慧，上求佛道，下化眾生。佛教經典中說：佛陀雖曾示現涅槃，其實不滅。隋朝智者大師入法華三昧，見佛陀仍在靈鷲山為眾說法。當年佛陀曾敕令六十二億恒河沙法王子，於末法時深入娑婆世界教化眾生。我們若能憶佛念佛，親近善知識，聞法思惟，如說修行，何異常隨佛學？佛的教法保存於經典中，認真研習並隨時隨地付諸實踐，堅持學得一分行得一分，也是常隨佛學了。還可發願往生極樂世界常隨佛學。

▌恒順眾生

恒順眾生就是永遠以大慈大悲之心平等地對待眾生，關心眾生，饒益眾生，並能像對待諸佛奉事眾生，讓對方心生歡喜。恒順眾生要時時處處懷慈悲之心，懷同情之心，懷忍耐之心，懷寬容之心，懷感激之心。恒順眾生被前人譽為「十願中最高境界，華嚴至極之理論，普賢最深廣之行願」，而經文中普賢對此願的解說也是最多的。

眾生的種類、習性千差萬別，始終對眾生隨順不違，必須有超卓的忍耐和大慈大悲。佛教強調「忍」、「忍辱」，忍是重要的修行法門，是安住於真理而不對外界動心，處境而不住境。忍是普賢行法、成佛之路的重要組成部分，《華嚴經·十忍品》裡，普賢對眾菩薩講說了大菩薩應具備十種忍。而對眾生大慈大悲是諸佛的根本心，是大乘佛教的根本特點。大乘佛教主張「生佛平等」，即視眾生如同佛，如果佛法是樹，則佛是果菩薩是花，而眾生是樹根，拔救眾生的大悲則是水。隨順眾生就是隨順佛，讓眾生歡喜就是讓佛歡喜。

▌普皆回向

普皆回向即把自己修佛的功德，真誠、無條件、無保留、無私心地全部奉獻給眾生，讓眾生都能分享其利益，並願以此幫助眾生離苦得樂。而且，回向還會增加自己的功德，就像佛陀所說：把自己的一滴水放到大海裡，你就會擁有永不乾涸的水了。回向時可念誦《回向偈》：「願以此功德，莊嚴佛淨土，上報四重恩，下濟三途苦。若有見聞者，悉發菩提心，盡此一報身，同生極樂國。」此偈的最後二句有的也說成：「消除宿現業，同登無上覺。」

現在是商業社會，然而考察巨富大賈的發家史，會發現「普皆回向」往往是他們發達的初因──他們做事做人首先想到我的產品或服務能對人群帶來什麼價值和利益，而不是自己能賺多少。也正是因為首先想到給他人以價值和利益，才在市場競爭中獲得成功。而真正有成就的人，也都會想到回饋社會，也從回饋社會中得到真正的成就感和快樂。

受持《法華經》的普賢菩薩感應事蹟

▶
普賢菩薩乘坐六牙白象示現
於道場中，唐朝敦煌壁畫局
部（英國大英博物館藏）。

　　普賢菩薩是《法華經》的護持者，《法華經》的流布也推廣了普賢信
仰。從文獻記載看，在西元五世紀初南朝劉宋時，就已有相當的中國民眾信
仰普賢，並因修持《法華經》而有了瑞應，普賢往往以化身出現，或者以神
通力而出現其他祥瑞，而不是直接現出真身。以下所選的是一些比較直接的
普賢顯聖故事，供信仰普賢者參考。

▌ 普賢齋懺感普賢

　　南朝高僧慧基（西元412—496年）是早期研究《法華經》的重要人物
之一，曾在夢中見到普賢，於是造普賢乘白象像，設普賢齋懺，來了很多人
參加和獻禮。慧基圓寂的前幾天，弟子們夢見來了幾個梵僧，說是從大乘佛
國來的，奉迎慧基往生。

　　慧基曾從學於慧義、道生、僧苞等鳩摩羅什大師門下弟子。而僧苞在南
朝劉宋永初年間（西元420—422年），有一次建普賢齋懺，到第十七日這
天，有白鴿飛來，聚集在普賢座前；而最後一天時，又有四個黃衣人繞塔數
圈後，忽然就不見了。

▌ 普賢菩薩現全身

　　南朝劉宋年間（西元420—479年），上定林寺僧普明，清純簡樸，至
心懺誦，只誦《法華經》和《維摩經》，並為誦經專門準備了整潔的衣服和
座位。普明每讀誦至《法華經·普賢勸發品》時，就能看見普賢乘六牙白象
出現在面前，而讀誦《維摩》時，則能聽到空中有伎樂歌唱的聲音。普明還
善於用神咒為人治病，驅除病魔，其效如神；普明曾使祠堂的外道神靈見到
他就跑開了。

　　這則故事是有關普賢感應的最早最直接的記載，非常有意義。普明治病
所用神咒，推測應當是《普賢勸發品》中普賢所許諾的給予受持《法華經》
者的陀羅尼。

▌ 普賢現身法華懺

　　南朝劉宋時的釋淨梵住持蘇州大慈寺，宣講《法華經》等，並組織信眾
禮法華懺，當講到第三會時，感應得普賢給他授羯磨法，並接連很大聲地叫
了三聲「淨梵比丘」。

▋ 普賢現身來摩頂

　　僧遷法師（西元495—573年）是南朝梁代的名僧，曾被任命為大僧正（全國最高僧官），且頗有政績。僧遷青少年時期就誦持《法華經》，不到二十歲就已誦《法華經》六千多遍，感得普賢親自下降，為他摩頂。僧遷一直隱而不提這件事情，直到其人生的最後階段才對別人說過。

▋ 恭敬虔誠見普賢

　　北齊（西元550—577年）時候有個靈侃和尚，第一次誦完《法華經》就感染上了惡疾。靈侃就問師父說：誦《法華經》能得六根清淨，可是自己怎麼反得了病呢？師父說：你誦經時不洗手，或袒胸露腹，或突然放到腳下，或又扔到床頭，這是護法神在責罰你不恭敬，不是佛經不靈驗。你好好懺悔吧！

　　於是，靈侃就做了個木盒子盛放經書，頂在頭上在佛殿裡叩頭謝罪懺悔，弄到頭破血流。如此三年後，有天天快亮時，有人敲門想進來，開始靈侃怕耽誤懺悔還不想去開門，但外面的人一直叫門，靈侃開門一看是個白髮白鬚的老人，老人用手杖邊打靈侃邊說：你以後還敢對《法華經》不恭敬嗎？靈侃一邊被打一邊覺得自己身上的瘡口好了，很是舒坦。天亮後察看，佛殿前有大象來過的痕跡，這才明白老人原來是普賢菩薩！靈侃從此洗心革面，非常勤奮地誦讀《法華經》，後來其人不知所終。

▋ 普賢菩薩解疑問

　　北齊年間有佚名僧，在山東靈岩寺東林誦《法華經》，每次都懇求靈驗。初時有蛇、鹿等來聽誦經，誦完才散開。中間有山神送餐飲來供養。後來忽然看見一片光明從東山上下來，一位有許多部屬圍繞著的、乘著六牙白象的大菩薩，來到自己跟前。佚名僧望光禮拜，心中非常喜悅，他以前不明白的經文、遺漏的經文也得到了菩薩的解釋和提醒。但是其他人只聞風中異香久久不散，卻看不見菩薩。

▋ 普賢菩薩救兒童

　　隋朝時揚州的富人嚴敬本來沒有孩子，後來皈依佛教，專心讀誦《法華經》，生了個兒子，但兒子三歲時得病成了瞎子。嚴敬教兒子背誦《法華

經・壽量品》，費了好大勁兒，這孩子也只記住個標題。後來遇到戰亂，嚴敬在屋裡挖了個坑穴，放了些衣服、食物，把孩子藏在裡邊，就自己逃命去了。

三年後戰亂平定，嚴敬回到家鄉，房屋破敗不堪，正在感傷，忽聽見屋下有細微的聲音，才想起藏匿的兒子，趕緊挖開暗穴，只見兒子長得肥肥壯壯，眼睛也好了。嚴敬驚喜交加，問是怎麼回事，兒子說：「我背誦《法華經・壽量品》的標題，有個人乘頭大白象來，渾身放著光芒，一字一句地教我。才讀了一品，我的眼睛就好了。那人一直幫我讀了一整部經後，人和象都不見了。」嚴敬心覺稀罕，就叫兒子背誦《法華經》，結果非常流利，就像受持了多年一樣。

▌貴族誦經見普賢

蕭瑀是南朝梁皇室後裔，姐姐是隋煬帝的皇后，蕭家世代都非常信佛。

隋朝時，蕭瑀誦《法華經》，按照經中的意思用檀香木來製造一個高約三尺的多寶塔和一尊多寶佛像，費了好些年功夫也沒有做完工。有一天早晨，蕭瑀哥哥的兒子在院子裡草叢中看到一個檀木雕寶塔蓋，下面有一尊佛像，製作得異常精緻莊嚴，用銀子做的眼睛跟真的一般黑白分明、清澈靈光。蕭瑀拿塔蓋試放到多寶塔上，就像專門為其製作似的非常相稱，只是木頭顏色稍有差別而已，但塔的形狀卻更美妙了，再將佛像放置塔中，也跟專門造就的那麼相稱。

蕭瑀歡喜讚歎，認為是精誠感動的瑞應。佛像衣服內有一百多枚舍利子，蕭瑀的女兒等小孩子懷疑不是真的，就取了三十枚舍利子，放在石頭上用斧頭猛打，舍利子迸散開來，女兒只找到三四枚，其餘的不知哪裡去了，就告訴了蕭瑀，但是蕭瑀去查看，塔中舍利子卻一枚也不少，跟原來一樣多。從此，蕭瑀每天讀誦一遍《法華經》，一輩子堅持不懈。

唐朝貞觀年間，蕭瑀病重，蕭後和弟侄等來探望，蕭瑀叫大家點燃佛香，然後只留下弟弟和出家為尼的女兒，令他們燃香誦經。不久，蕭瑀就對女兒說：「我要走了。普賢菩薩來迎接我了，在東院。你可以去迎請普賢菩薩。」女兒前去迎接還沒回來，蕭瑀又說：「這個院子不乾淨，普賢菩薩不肯來，我往東院去吧。你們好好在這裡等著。」與弟弟和女兒告別後，蕭瑀就起床，合掌跪著，面向正西方，一會兒就去世了。

▌普賢菩薩來接引

唐朝的萬相法師幼年出家，多年持誦、講解《法華經》，作石刻《法華》一部，莊嚴偉麗奇絕非常。萬相曾在屋簷下誦讀《法華經》，忽然來了一隻白雉，像自己家養的一樣非常馴服，十多天後才飛走；又在房屋後面樹木間，看到不知從哪裡來的金銅佛龕佛像，兩邊還侍立一對青雀，萬相將佛像移入寺院後，青雀就飛走了；還有爐中自然加上火炭，床後頻頻發出異香等瑞應。萬相又曾在半夜靜坐時忽然像做夢似的，看見西北天空中出現約千顆明星，後來又變為高大美麗的寶塔，無窮無盡；又看見過東北天空中有七顆星星，其大約丈，仰瞻一陣子後就看見從七星中出來七尊佛，金光閃耀，莊嚴輝煌，萬相悲喜交集，熱淚縱橫，禮拜讚歎，忽然之間所有現象又消逝了。萬相平時稱念普賢聖號，七十四歲時，忽然自言自語：「普賢菩薩來了！」於是右脅而臥安然圓寂了。

▌普賢提示寫經文

唐朝釋僧安，住於法海寺，自己手抄《法華經》等大乘佛經，夢見普賢乘白象王出現在自己面前說：「你抄寫的經中說佛智慧等兩句脫漏了。」醒來後查看《添品法華經》，跟夢中普賢菩薩說的一樣。

五代時僧道潛去瞻拜寧波阿育王寺舍利塔，看見舍利在懸掛的大鐘外繞行而悲欣交集，便發心禮普賢懺，當到第二十一天時，突然看見普賢乘六牙白象來到塔寺山門，白象把鼻子伸到禮懺室。吳越王因此請道潛給自己授菩薩戒，並建造永明寺請道潛駐錫弘法。

修持《華嚴經》感應普賢菩薩

普賢菩薩是《華嚴經》中最重要的菩薩，《華嚴經》是普賢信仰的最重要經典之一。文獻中也記載了修持《華嚴經》而感應見到普賢的事情。這些故事與《華嚴經》在中國的流行也進一步推動了普賢信仰的發展。下列是一些比較直接的普賢顯聖故事，供信仰普賢者參考。

▊ 普賢點化，成就大師

北魏釋智炬（約西元四至五世紀）年輕時跟從神僧曇無最學習，曾讀了數十遍《華嚴經》，卻對其含義越來越搞不懂，很是苦惱，就更加虔誠用功，於是夢見普賢乘白象、放光明，來對他說：「你往南方走吧，我來幫助你，讓你深入明瞭。」醒來後，智炬想去南方卻不知南方指哪裡，有人就說：「菩薩指示你往南方，你只管照辦就是了，還怕到不了嗎？」

智炬上路，走了三天，看見一個清水池，池中有昌蒲，莖葉特別大，智炬心裡很喜歡，就要把它拔出來，發現昌蒲數尺長的根鬚曲扭盤結，就像車轂一樣。智炬心中忽然一亮：這就是菩薩在點化我啊！數日之內就變得非常聰悟，以前不明白的也一下就弄通了，甚至比前人中的名師還好。後來，智炬曾流暢地講說《華嚴經》五十餘遍，並寫了十卷注釋。

▊ 普賢授義，煥若臨鏡

唐朝僧辨才，不知是何許人，以修《華嚴經》為業，長期也沒有領悟，就敬造香函盛放佛經，頂戴在頭上走路。這樣過了三年，就夢見普賢菩薩給他指授其中深奧的道理，因此忽然就能背誦了，心裡就像照鏡子一樣明明亮亮。

▊ 誦習《華嚴》，口出舍利

唐朝樊玄智居士，少年時代就開始學佛；在長安城南的坊州山中，禮拜華嚴宗宗師杜順大師，杜順叫他一門心思讀誦《華嚴經》，並依此經中所說修普賢行。後來，樊玄智誦經時，口中常常獲得舍利，前後共得數百粒。

居士有時晚上誦經，口中放出金色光，照明四十餘里遠，人們都很驚異，有人尋找到山裡，只見居士誦經時口中出現光明。居士九十二歲時無疾而終，火化後牙齒變為舍利，有一百多粒，都能放光，好多天都不消滅。當時僧俗收藏舍利，建佛塔供養。

山西大同普化寺三聖殿的金
代華嚴三聖像，右為普賢菩
薩像。造像既有唐朝風格，
又有時代特色，普賢菩薩像
人間的貴婦而又高貴出塵，
善良溫婉而又端莊尊重，體
現出現實感與理想性的高度
結合。

天台宗人與普賢菩薩的道交

天台宗以《法華經》而立宗，與普賢菩薩自然少不了聯繫，文獻中確有天臺宗高僧感應普賢的故事。這些故事既激勵了天台宗門人，也對普賢信仰起到了推波助瀾的作用。

天台宗第二祖慧思大師（西元515—577年），兒童時期因為夢見梵僧勸他修習佛道，又夢見數僧告誡持齋戒，一天只吃一餐。慧思看見同伴有人誦《法華經》，心裡非常嚮往，就從別人那裡借來，在空墳墓裡獨自看經，因為沒有人教，日夜悲泣。墳墓也不是人住的地方，心中害怕，就移居到古城，鑿個洞穴居住，白天外出乞食，晚上也不睡覺，面對經書流淚，頂禮不休。有一年夏天多雨，雨水進到洞穴，濕熱如蒸，慧思全身浮腫，動不得停不得，但還是一心在佛經，而且更加虔誠，忽然覺得身體上所有不適都消失了。夢見普賢乘六牙白象來為自己摩頂而去，自此《法華經》中原來不認識不明白的地方自然通解，頭上菩薩所摩之處自然像肉髻一樣凸起，十年之中不斷誦《法華經》，又悟得法華三昧大乘法門，得六根清淨。

慧思的弟子中也有好幾位有感應普賢的記載。大善在南嶽般若寺，專誦《法華經》，三天才誦完一部，兼修普賢懺，第七天時就感得天花亂墜，更悟入慈悲三昧。慧超（西元546—622年）五十多年持誦《法華經》兩萬來遍，多有靈異。慧超的弟子法誠誦寫佛經，一生誦《法華經》一萬多遍，又造堂置像供養；慧超修行法華三昧時非常虔誠，夢見普賢來告訴他要多書寫大乘佛教般若經典；慧超圓寂前希望能往生兜率天，感得天童來迎接。

慧思最有影響的弟子是天台宗的實際創立者智顗大師（西元538—597年），後世列為天台宗第三祖。智顗很重視普賢信仰和普賢行。智顗跟慧思學有所成後，到金陵（今南京）瓦官寺講《法華經》，南朝大德紛紛來集，王侯不上朝也來聽講。智顗剛講《序品》到文殊答問畢，靈山法會就忽然於空中出現，有三五個聽講者看得見；天上像下雨似的落下顏色鮮白的妙花，花有長約一尺的像蓮葉的葉子三十餘片，葉葉相續，懸空不墜。講到《寶塔品》時，有聽眾夢見瓦官寺是三變淨土，分身八方，有的聽眾夢見普賢遠來，受益者非常非常多。後來智顗的弟子灌頂大師夢見智顗已往生兜率天。而往生兜率天也正是普賢所承諾的修持《法華經》的福報。

智顗的弟子智越、智璪、慧稠、慧斌等修持《法華經》也都有不同的感應。智顗的後世弟子、天台宗玉泉系的代表人物弘景法師誦《法華經》，感得普賢來教他如何斷句記憶，還有天童悄悄來侍候他。

普賢菩薩化身爲唐朝高僧拾得？

在中國佛教四大菩薩中，普賢菩薩隨緣應化的事蹟相對是最少的。其中，普賢化身唐朝高僧拾得的故事甚為有名，不少古代文獻中都有記載。拾得與其朋友寒山都被稱為大士，民間流傳的和合二仙形象即根據他們的故事創造的。

▌拾得與好友寒山

唐朝時，浙江天臺山國清寺的豐干禪師（世稱阿彌陀佛化身），有一天在路上聽見草叢中有小兒啼哭，尋聲過去一看是個十來歲的男孩，因其無家無姓無名，就將他帶回國清寺，交給庫房當茶童；因為是拾來的，就給他取名「拾得」。

拾得長成少年，升任齋堂香燈並執掌出食等雜事。拾得有一天竟登座與所供奉的佛像對坐而食，還沖著憍陳如尊者像說只不過是個「小果聲聞」，說完還旁若無人哈哈大笑。但被知庫僧看見了，就將拾得一通斥責，並改派到廚房去做些洗碗刷碟的雜事。

拾得常將剩飯殘菜盛在竹筒裡送給住在寺外寒岩的好朋友寒山。寒山（又稱寒山子，世稱文殊化身），也是一介孤寒之士，外表看起來就像是個叫化子。兩人唱詩吟偈，放浪形跡，怡然自得。拾得與寒山還經常對人講說佛法，但是誰也不信，反而譏誚怒罵，甚至打他們。

有一次，寒山問拾得：「世間人穢我、欺我、辱我、笑我、輕我、賤我、惡我、騙我，我該如何對他？」拾得答道：「那只有忍他、讓他、由他、避他、耐他、敬他、不要理他，再過幾年你且看他。」

▌打神罵牛

國清寺廚房的飯食花果常被鳥啄食，拾得有一次又看到滿地狼藉，就執木杖打寺裡的伽藍神像，責其守護失職，枉受供養。當晚寺僧都夢見伽藍神說：「拾得打我罵我！」寺僧看到伽藍神像真有杖打痕跡，才覺得拾得可能有些來歷不凡。

拾得又被派去負責牧牛。這天，律師在法堂中為僧眾講說戒律。拾得把牛群趕到法堂前，倚門而立撫掌而笑：「那輪迴生死、前程悠悠的眾生，正在這裡聚頭呢！又能怎樣呢？」講戒僧大怒：「你這個下人瘋啦，破壞我講說戒律！」拾得見他起了嗔心，說了首偈道：「無嗔即是戒，心淨即出家；我性與汝合，一切法無差。」

唐朝時浙江天臺山國清寺的高僧拾得、寒山，據說分別是普賢菩薩和文殊菩薩的應化身，民間又稱和合二仙，是藝術家們常用的創作題材。圖為江蘇蘇州寒山寺的寒山和拾得塑像。

　　說戒和尚見拾得嘻皮笑臉，氣得下堂要來打他，讓拾得把牛趕出去。拾得說：「我不放牛了！」有寺僧說：「你不放牛，要做什麼？總不能光吃飯不做事嘛！」拾得答道：「就是不放牛了。這些牛，都是吃飯而不做事的人投胎轉世而來的。」寺僧道：「你怎麼知道的？沒有憑證，可別亂說！」

　　「當然有憑有據，否則就要犯口業了。」拾得說，「這群牛，都是從前有地位的和尚，都有法號。你們要不信，且聽我叫來。」隨即對著牛群叫了一些本寺已死的和尚的名字，什麼律師弘靖、典座光超、直歲靖本等，就見有白牛、黑牛、牯牛應聲跑出來。

　　最後，拾得牽住一條牛說：「前生不持戒，人面而畜心，汝合招此咎，怨恨於何人，佛力雖廣大，汝卻辜佛恩。」僧眾大為驚詫，自此才知道拾得可能不是瘋子凡夫。

▌聖跡顯露

　　地方官員閭丘胤被豐干治好痼疾，便請教豐干：「國清寺現在有沒有大修行的聖者？」豐干答道：「寒山是文殊，拾得是普賢，你趕快去禮拜吧！」閭丘胤急忙到寺去拜見拾得和寒山，拾得和寒山一見就說：「豐干多話！你連彌陀對面都不相識，來禮拜我們做什麼？」說完攜手笑傲跑出，不知所蹤。豐干因聖跡被顯露，隨後也不見了。

　　但閭丘胤還是想拜識他們，終於打聽到拾得和寒山可能去了寒岩，就帶著禮物又到寒岩謁問。一行人來到寒岩前，就見兩人坐在岩洞口，兩人大聲喊道：「賊！賊來了！」便返身進入岩洞穴縫內，最後說道：「報汝諸人，各各努力。」岩石泯然而合，不可復入，從此杳無蹤跡。

　　若干年後，有個國清寺僧登上天臺山南峰去撿拾柴薪，遇到一位裝束面貌似印度人的和尚，手持錫杖挑著一串鎖子骨，對他說：「你們現在可以到寒岩裡面，拾取拾得的舍利子去供奉吧！」於是，國清寺寺眾們才知道拾得在寒岩入滅的，因而把那座岩洞叫做拾得岩，以為紀念。

普賢菩薩護持見淨土

中國佛教史上，因蒙普賢菩薩開示、加持或依據《華嚴經》特別是《普賢行願品》而弘揚淨土法門、得以往生西方極樂世界的事例多有記載，這些事情和淨土信仰的流行也進一步促進了普賢信仰。

普賢菩薩來摩頂

唐大曆四年夏（西元 769 年），法照大師於衡州湘東寺起五會念佛道場，至六月二日未時，又遙見祥雲彌覆台寺，阿彌陀佛與普賢菩薩等一菩薩來參加法會，至酉時才消逝。

次年，法照大師到五臺山參拜，驚奇地看見有個地方發出異光。這時來了兩個童子，引他進入化竹林寺，只見其中非常莊嚴美麗。登上講堂，看見文殊菩薩在東、普賢菩薩在西高坐在獅子座，萬眾圍繞，演說佛法。法照行禮後就請問菩薩：佛法廣博，末法時代眾生最好選擇什麼法門修行？文殊菩薩說：念佛和供養三寶是最好的法門，念佛求生西方的法門是一切法門之王，自己即是因為觀佛、念佛和供養三寶而取得成就的。兩位菩薩都為法照摩頂，許以不久即證無上正等菩提。過了幾天，法照在金剛窟虔心禮佛時，又見到普賢菩薩等一萬菩薩。

普賢懺感應普賢

唐朝大行在泰山修普賢懺法三年，感應普賢菩薩現身。晚年在大藏經中隨手取到一本《阿彌陀經》，便晝夜誦詠，到第二十一天時，看見佛及二大士現身琉璃地上。一年後琉璃地又出現了，當天大行就往生了，屋子裡十幾天異香不斷，其遺體也不腐壞。

蓮華勝會來普賢

宋朝長蘆寺宗賾法師，佛學修養很高，遵照廬山蓮社遺規建立蓮華勝會。有天晚上，宗賾夢見一位三十來歲的英俊瀟灑的男士對他施禮說：「我叫普慧，想參加你們的蓮華會，請替我寫上名字吧。」宗賾寫完，普慧又說要給自己的哥哥普賢也寫上名字。宗賾醒後將夢中的事情與別人請教，他們說：「《法華經・離世間品》中有普賢、普慧兩位菩薩助佛教化，今天我們建立法會，希望同生極樂世界，感應到兩位菩薩來護佑。」於是以兩位菩薩為會首，法會辦得非常成功。

內蒙呼和浩特市大召乃瓊殿六道輪迴圖，圖中間反映了眾生在天、人、阿修羅、畜生、餓鬼、地獄六道周而復始的輪迴之苦，周邊描繪了諸佛菩薩講經說法，因為眾生可以通過修習佛教解脫生死輪迴。

法華懺上見普賢

錢氏吳越時期，延壽大師曾學習天臺宗專心行法華懺，半夜見到普賢菩薩，自己手中忽然拿著蓮花。後來專修淨土，念佛不輟，旁邊的人時不時聽到螺貝天樂之音。有天早晨起來焚香後向大家道別，然後趺坐往生。後來有外地來的和尚一整年都繞延壽塔禮敬，有人問他原因，他說自己生病進入陰間，見大殿左邊供有和尚像，一問才知供奉的是延壽禪師，延壽已上上品往生西方極樂了。延壽大師被後世公認為淨土宗一代宗師。

普賢通知上西天

宋朝范儼每天只是一心專誦《法華經》，念阿彌陀佛，不理世俗事情。一天忽然看見普賢菩薩乘六牙白象，放出金色光芒，對范儼說：明天卯時你就要上極樂世界了。第二天，果然有佛菩薩來迎，范儼就座合掌而逝。

普賢菩薩分身隨緣教化

普賢菩薩行願無窮，分身無數，隨緣教化眾生，如月印千江，一勺一滴無不見月，似春來大地，一草一木莫不逢春。「縱有經文指菩薩住處在峨眉，豈有應化即局於峨眉？」

■ 《峨眉山舊志》裡的普賢應化事蹟

晉代高僧曇翼早先在廬山皈依慧遠大師，又到長安拜見過鳩摩羅什大師，後來隱居會稽（浙江紹興）秦望山，十二年裡堅持虔誦《法華經》。

這天，有一個女子身著彩服，手提裝著一隻小白豬和兩根大蒜的竹籃，到曇翼隱居的地方求宿。女子說：「我去探親，哪知趕上風雪天氣迷了路，現在天晚了，路上又有豺狼，沒辦法走了，請讓我在這裡住一晚上吧。」曇翼法師再三推辭不掉，就讓她睡到草床上。半夜裡，那女子突然大叫肚子疼，要曇翼幫她按摩按摩。曇翼拒絕，但女子哀號漸緊，曇翼只好用布包住錫杖，遠遠地為她按摩，直到疼痛減輕。

次晨，女子謝辭出門，在空中現出普賢菩薩形象，彩衣變為祥雲，小白豬化成大白象，大蒜成了蓮花。普賢菩薩為曇翼摩頂授記後消逝。地方官將事蹟上報朝廷，敕建法華寺，即後來的天衣寺。

■ 《太平廣記》裡的普賢應化事蹟

唐玄宗開元初年，陝西同州有兩個村子的人家共同建立了普賢菩薩像，輪流供養。東村住著位出身低賤的婢女，在設齋日生了個男孩，就取名叫普賢；這男孩長大後也當了下人。有一次設齋日，小夥子竟突然推開普賢像，自己坐到那裡。長輩們看見了，大為生氣，又罵又打。哪知他卻笑道：「我是應你們的誠心拜求才生到這裡來的。現在你們為什麼見了真普賢卻不恭敬禮拜？」然後顯出普賢本相，身如真金，乘六牙白象騰飛空中，光明耀日，天花祥雲繽紛映照，好一會兒才消逝。大家這才知道，心中又慚又悔。

又一種說法是，西村設普賢齋，僧眾剛開始聚集時，有位即將生產的婦女突然闖進佛堂內，大家很生氣，還沒來得及趕走她，已在蓮台下生了個男孩，弄得血污到處都是。大家不知所措，只是責備這婦女。突然，婦女不見了，男孩變成了莊嚴光明的普賢，血污變成了香花，菩薩乘白象飛上空中，漸漸遠去。當時在場的父老村民悔恨不已，有十幾個人刺瞎自己的眼睛表示懺悔。

▌《三寶感應要略錄》裡的普賢應化事蹟

　　窺沖法師希望去印度，就發願造普賢像，並祈請說：「普賢大士有恆順眾生的大願，難道不理會我的誠心嗎？」晚上在夢中見普賢乘白象來，為他摩頂說：「你誠心誠意，去印度吧，如果途中不幸遇到險難，我一定來救你。」窺沖醒來後非常歡喜，就與明遠同船取道南海去印度，在海上突然遭遇惡風，就要遇難了，窺沖一心持念普賢，普賢在船上顯出形象，於是風平浪靜。在航向獅子國而去的途中，又遭摩竭魚險難，窺沖仍然專念普賢，普賢在船上又顯出形象，大魚合口而去。又往西印度，見到玄照法師，同往中印度去禮拜菩提樹。又到竹林園，得了小病，夢見普賢說：「借聖力滿足了你的願望，獲得六根清淨，不要有什麼惆悵了。」

　　南北朝秦時有個叫安義的人，從小以放鷹狩獵為生，也不知殺死了多少飛禽走獸，一些持邪見的人還以他為例，說殺生沒事兒。安義五十八歲時，身上突然長了瘡病，濃血穢臭不堪。安義的老婆在清晨看見瘡皰都似雉嘴，覺得奇怪，叫兒子、親屬們來看，都說似雉嘴，而且好像要說什麼。於是找人去向道俊法師求助，道俊說這是安義獵殺過多所積的罪報，這一世的身體還不能還債抵罪，除非進行懺悔，很難救命。安義說自己的身心像在受舂，閉眼即見無數鳥獸來吃啄自己的骨肉，請法師一定要救救自己。道俊就告訴他，只有敬造普賢像，在菩薩像前真心懺悔才行。話剛說完，安義已暈倒氣絕。道俊叫安家人趕緊造普賢像，修普賢懺。三天后安義醒來，講說自己在陰間的經歷：馬面牛頭、雉雞鹿羊等來向他索命、咬吃其皮肉，向閻王起訴他殺生害命。閻王令把安義抓來審訊處刑，受到火熱之苦，又見無數戴著桎械枷鎖的禽獸。這時來了個和尚，閻王對和尚很客氣。和尚說安義是自己的施主，其親屬供養我，並懺悔其罪業，請赦免了他吧。閻王說：「師父所說我也不能拒絕，但按被他殺害者的命案，正在審理呢，怎麼辦呢？」和尚說：「我們在人間為他修懺悔，回向被殺生的禽獸，解其怨心脫其苦難吧。」閻王於是同意放了安義，和尚就帶安義還陽。親屬對安義說：「我們為了救你，敬造了普賢像。」安義一聽喜悲交集。等身瘡方癒，氣力調和，安義就捐捨自己所有的財物來供養普賢像，並剃髮出家，告誡家族子孫說：「人生就像閃電露水一樣短暫，不要去犯重罪啊！殺一條命，很多劫都要受罪。陰間裡事實俱在，不能減免的。」安義後來不知所蹤。

◁
山西五台山佛光寺東大殿內的佛壇正中釋迦牟尼佛跏趺端坐，普賢菩薩在左、文殊菩薩在右侍立。這些唐代彩塑像（西元九世紀）既表明當時佛教造像中普賢、文殊二位菩薩在主佛左右位置不定，也表示以理、智涉入胎藏界曼荼羅。（王露攝）

佛法小常識

諸佛菩薩為什麼不多顯神通利益眾生

我們凡夫俗子信仰諸佛菩薩，往往希望諸佛菩薩的顯示神通保佑我們。大乘佛教經典中，諸佛菩薩法力無邊，經常大顯神通，諸佛菩薩具有大神通也是真實的。但在我們的現實生活中卻幾乎未見到諸佛菩薩顯神通，諸佛菩薩既然具有大神通，為什麼不直接地多顯神通來利益眾生呢？

我們見不到諸佛菩薩顯示神通，是因為：

一、因果不滅，眾生各自所造作的惡業，並不能夠依靠神通消滅，只能依靠自己如法修行和承受果報來消滅。例如，釋迦牟尼在此世界的晚年，風一吹背就疼痛。佛陀的大弟子目犍連弘揚佛法遭到外道嫉妒，某次在經過伊私闍梨山下時，被裸形外道看到，並從山上推下亂石將目犍連活活打死。國王聽到目犍連被害而大怒，坑殺了數千外道。比丘們請問佛陀：神通第一的目犍連為什麼不用神通與外道對抗？為什麼不躲避外道的暗算？佛陀回答說：目犍連於過去生中捕魚為業，許多生命喪生其手。神通敵不過業力，肉體無常，業報需要了結。對覺悟者來說，死是生的結果，無所畏懼。

二、以神通為號召，容易養成眾生的依賴性，因依賴而生懶惰，不用功修行，因懶惰最後墮落。諸佛菩薩不過是覺悟了的眾生，眾生現在雖未覺悟但將來也會成佛，如果諸佛菩薩動輒大顯神通，就會打擊眾生的精進求道之心，眾生會認為自己不過是沒有神通力的凡夫，哪還有心能上求佛道？所以，釋迦牟尼曾規定弟子不許隨便顯示神通。

三、若只是相信神通感應，而不是學佛修行，常常會陷入名利邪窟，諸佛菩薩豈不也變成了名利邪神？

四、眾生因心有染著，對諸佛菩薩顯示神通也會視而不見。大乘佛教經典裡能見到神通的都是心地已清淨到一定程度者。當你修行到一定的層次，一樣會見到諸佛菩薩的神通。

五、諸佛菩薩是隨緣教化而感應，許多時候是以變化身出現的，而這種變化身往往呈現很平常之相，眾生即使見到了也往往有眼不識泰山。

諸佛菩薩應顯神通時就顯神通，而且經常在顯神通。當眾生真切實踐普賢願王之時，則一定會見到很多佛菩薩，見到諸佛菩薩顯示神通。

民間傳說中的普賢菩薩

民間傳說中，普賢菩薩為了教化眾生，下可變成乞丐婆，上可戲弄康熙皇帝，真是隨緣教化，悲心懇切。

▌普賢菩薩成周婆

南宋時期，浙江台州的大戶人家周家生了個女孩，稱為周七娘，從小就有種種神奇；另一個大戶人家婁家生下個男孩，也是從小就有異相，稍長後出家，稱為戒闍黎或戒師。

周七娘長大後不肯嫁人，每天在市上行乞，逍遙度日，甚至夜間也不回家，就睡在善濟橋下面，人們都叫她瘋婆子或周婆。周婆與戒闍黎關係很好，也不在乎別人怎麼議論，常常與戒闍黎在一起聊天，或手拉手遊行街市嬉戲歌唱。

周婆曾唱歌道：「笑煞愚癡漢，管家無歇時，四山若來合，妻子各分離。」又歌：「世人都笑我，我笑世間人，如意摩尼現，無人識本真。」戒闍黎唱：「瘋僧瘋婆，吃酒蹉跎！」

戒闍黎圓寂後，有人對周婆說：「戒和尚化去了。」周婆於是也在普濟橋下寂然而化，化生蓮華，香光交錯。事情傳開，觀者紛集，莫不驚歎不已。人們把戒闍黎和周婆安葬後七天，來了個鬢眉皓白、衣衲跣足的和尚，攜錫杖而歌：「戒師文殊，周婆普賢，隨肩搭背，萬古流傳。」人們這才知道真相，可是菩薩已經走了！

▌普賢菩薩戲康熙

清朝康熙皇帝自稱老佛爺，到處朝山拜佛求取長生不老藥。聽說峨眉山的普賢菩薩最靈驗，於是就以祈求菩薩保佑國泰民安去朝峨眉拜普賢。但皇帝怕路上有人暗害，就精選了三百大內高手護駕，又挑選了八個與他相貌相似的人跟他同樣打扮，以在路上迷惑別人。

峨眉山普賢寺的照玉老和尚，這天晚上正在禪房打坐，忽見進來一個白鬍子老頭告訴他：「我是本山土地神，明天皇帝要到你廟裡找普賢，準備迎接吧。雖然有九個長得很像、穿戴龍袍金冠的人上山，但只有那個臉上有麻子的才是皇帝。」說罷就不見了。

次日一早，照玉就與其他和尚一起把寺院整理得格外清潔，然後個個身披袈裟，手敲法器，口念佛號，跪在路旁候駕。就見兵甲耀目的御林軍和衣服華麗的太監宮女，簇擁著九頂紫金黃羅傘蓋，每頂傘蓋下都有「皇帝」，

很有排場地上山來了。照玉偷眼一看，認準那個麻子臉，趕緊上前跪迎：「峨眉山普賢寺方丈照玉叩見吾皇萬歲！」康熙皇帝大驚，忙叫：「拿下！」照玉和尚被大內侍衛捆個結實。康熙問道：「該死的妖僧，你怎麼認得朕？難道你是活普賢不成？」照玉害怕地答道：「稟萬歲，是本山土地神昨晚告訴我的。」康熙轉怒為喜，心想正好趁此問問普賢的下落：「普賢菩薩在哪裡？土地知不知道？」照玉說：「菩薩不喜世俗的紛鬧，已到成都昭覺寺去了。」康熙也不進寺，轉身就向昭覺寺趕去。

康熙怕普賢不願見他，就化妝成一個老居士要進了昭覺寺，正好遇到普賢變成的和尚。康熙上前施禮道：「請問師父，活普賢在哪裡？」和尚用手一指：「在大殿裡。」康熙心中慶幸，走進大殿卻一個人也沒有，正想再找人問問，剛才那個和尚又進來了。康熙忙問：「這殿裡沒有活普賢呀？」和尚指著普賢像說：「那不是嘛！」「那是泥塑木雕的呀！」「不是活普賢，那麼多人敬他拜他幹啥？」康熙啞口無言，又不好發作。

康熙又往後殿走去。普賢又變成個老居士從後殿出來。康熙上前道：「老居士，你們這裡有活普賢嗎？」老居士把他上下打量一番說：「你也要找活普賢嗎？」康熙忙說：「是呀！是呀！他在哪裡？」老居士指指後殿：「在後殿正給人治病哩。」康熙以為這下可找到活普賢了。來到後殿一看，正有個鬚眉皆白的老和尚在給一個長惡瘡的居士治腿哩。康熙左看右看，心想難道就是這老和尚？於是半信半疑地問：「老師父，你就是活普賢吧？」那老和尚不高興地說：「你問我活了幾年了？我都快滿一百歲了，怎麼才活了幾年？」康熙知道又找錯了。其實，這老和尚是個高僧，白天替人治病，晚上誦經念佛，居士們都稱他「活普賢」。

康熙又來到廚房，東瞅西瞧。普賢變成個夥頭和尚在忙活著煮飯，就問他找誰。康熙說：「我找活普賢。」和尚問：「找活普賢幹啥？」康熙說：「求取長生藥方，為世人治病。」和尚說：「我勸你還是不要找他吧，他那藥方不靈啦！」康熙忙問：「為什麼？」和尚說：「這年頭當官的幾乎是人人腐敗，老百姓被整得都沒法活了，還要那長生藥幹啥？我看，只有那些腐敗官吏才想要呢！」康熙心中很是不爽：「你怎麼知道？」和尚說：「那些當官的吃著百姓的骨肉，喝著百姓的血汗，成天把百姓當馬騎，還說是一心為民做主，而老百姓連說句真話的份兒都沒有，當官的當然想要長生不老好永遠欺壓百姓唄！唉──只不過他們吃了長生藥也還是活不長的嘞！」康熙糊塗了：「為什麼？」和尚道：「那些當官的壓榨百姓、幹盡壞事，老百

姓人人痛恨，罵都把他們罵死了，能活得長嗎？」康熙聽得臉上青一陣白一陣，又怕露了馬腳，就偷偷溜走了。

康熙走後，普賢覺得奇怪，為什麼康熙知道我在昭覺寺？知道是山上土地神洩漏的，於是就把山上的土地神都攆下山去，不准再在山上居住。有個土地神藏在山上不願走，但被普賢找到了，用拂帚一甩，把這個土地神甩到了山下的土崗上。這個土地神傷心痛哭，眼淚流成了兩條河，人們稱為龍池河、二道河，土崗就叫土地關。

這個故事中的康熙皇帝，實際上並沒有到過峨眉山，但確實曾賜贈過金印、匾額。在真實的歷史中，康熙也是少有的聖明君主：在治國上，他開創了輝煌的康乾盛世；在生活中，他是最開明地正視生死的皇帝。但這個傳說卻以康熙皇帝為角色，也許是有深意的啊！

到哪裡去見普賢菩薩？

左：
廣西桂林灘江的象鼻山及普賢塔是著名風景，天然形成，造化神奇。

右：
北京香山碧雲寺菩薩殿普賢菩薩塑像，普賢菩薩呈如意坐坐於象背，手執經卷，神態安詳，若有所思。

　　除了參加法會、閱讀佛經、訪問網路外，還可以在一些寺院、石窟瞻禮普賢菩薩聖像，專程參拜或旅遊觀光時留意即可。佛教寺庵通常都是在大雄寶殿正中供奉釋迦牟尼佛，佛右側的脅侍菩薩是普賢，一些寺院還專門設有普賢殿或普賢閣來供奉普賢。實地禮敬普賢聖像，心中當有別樣的感應道交。

寺院	地址	特點
峨眉山	四川峨眉山	普賢菩薩的最大道場，宋代普賢菩薩銅像、金頂十方普賢菩薩像均為人間奇觀
大足石刻	重慶大足縣	北山第 136 號窟普賢騎象像、大佛灣華嚴三聖像，瑰麗奇精，為藝術傑作
龍門石窟奉先寺窟	河南洛陽市	唐朝淨土宗宗師善導大師主持開造，主尊盧舍那佛、脅侍普賢菩薩和文殊菩薩等，莊嚴宏偉，是世界雕塑史上的傑作

寺院	地址	特點
敦煌石窟	甘肅敦煌市	莫高窟第 148 窟中的主尊式，盛唐第 31 窟中的赴會式和中唐第 159 窟中的部眾式普賢變壁畫，造作於盛唐或中唐時代
榆林石窟	甘肅安西縣	第 25 窟普賢變是唐代壁畫，極美極精，第 3 窟普賢變為西夏時期的壁畫，有唐僧帶猴子去取經
五台山佛光寺	山西五台山	東大殿梢間的普賢像為唐代精品，氣度恢宏
善化寺	山西大同市	三聖殿的金代普賢菩薩像、普賢閣建築
安嶽石刻	四川資陽市	華嚴洞華嚴三聖像極美
普賢寺	江蘇南通市峨眉山	西元二十世紀復興，其普賢閣殊為宏偉
普賢塔	廣西桂林市	在風景勝地天然形成的象鼻山上建立的普賢寶塔
普賢寺	雲南普洱縣	在小黑江森林公園內，是滇西南最大的寺院，內有普賢殿
普賢寺	浙江湖州市	始建於唐朝咸通年間，歷史上非常靈驗
普賢寺	江西南昌市	創建於東晉時期
普賢寺	山西太原市	古刹重光

寺院	地址	特點
普賢寺	臺灣高雄市	佛教活動
中台禪寺	臺灣南投縣	新型佛寺新型像
普賢寺	福建漳州市	宋代創建立，有南洋史跡
普賢寺	朝鮮江陵市大公山城	創建於西元七世紀新羅時期
普賢寺	朝鮮平壤市妙香山	朝鮮半島最大的寺院之一，創建於高麗時期，風景很美
普賢菩薩圖軸	日本東京國立博物館	日本平安時代繪製，普賢騎象，天花亂墜

重慶大足石刻之寶頂山松林坡華嚴三聖像，造於南宋時期，十分精美。

普賢菩薩在書中

要深入瞭解普賢菩薩，能讀有關經典原著最好。茲列出與普賢菩薩相關的部分重要經典，有興趣的讀者可進一步閱讀。

經典名稱	譯者
《大方廣佛華嚴經（六十卷）》（金剛薩埵十回向品、十明品、十忍品、普賢菩薩品、寶王如來性起品、入法界品）	（東晉）佛馱跋陀羅譯
《大方廣佛華嚴經（八十卷）》（普賢三昧品、世界成就品、華藏世界品、毗盧遮那品、十回向品、十定品、十通品、十忍品、淨行品、普賢行品、如來出現品、出世間品、入法界品）	（唐）實叉難陀譯
《大方廣佛華嚴經（四十卷）》（入不思議解脫境界普賢行願品）	（唐）般若譯
《大方廣佛華嚴經·入法界品》	（唐）地婆訶羅譯
《妙法蓮華經》（普賢菩薩勸發品）	（姚秦）鳩摩羅什譯
《佛說觀普賢菩薩行法經》	（劉宋）曇無蜜多譯
《大佛頂首楞嚴經》（普賢菩薩圓通章）	（唐）般剌密帝譯
《普賢菩薩行願讚》	（唐）不空譯
《大方廣普賢所說經》	（唐）實叉難陀譯
《佛說普賢菩薩陀羅尼經》	（宋）法天譯

《佛說一切諸如來心光明加持普賢菩薩延命金剛最勝陀羅尼經》	（唐）不空譯
《觀自在菩薩說普賢陀羅尼經》	（唐）不空譯
《佛說普賢曼拏羅經》	（宋）施護譯
《金剛頂勝初瑜伽普賢菩薩念誦法》	（唐）不空譯
《金剛頂瑜伽他化自在天理趣會普賢修行念誦儀軌》	（唐）不空譯
《普賢金剛薩埵瑜伽念誦儀》	（唐）不空譯
《金剛壽命陀羅尼念誦法》	（唐）不空譯
《清淨觀世音普賢陀羅尼經》	（唐）智通譯
《悲華經》（諸菩薩本授記品）	（北涼）曇無讖譯
《佛說大普賢陀羅尼經》	（宋）實叉難陀譯
《等目菩薩所問三昧經（普賢菩薩定意經）》	（西晉）竺法護譯
《文殊師利發願經》	（東晉）佛馱跋陀羅譯
《普賢菩薩行願品修證儀軌》	（宋）淨源制訂

網路空間的普賢菩薩

　　普賢菩薩遍法界虛空，普賢身相如虛空，在今日科技條件下，網路虛擬空間中的普賢資訊為我們認識普賢提供了更多方便和資訊。這裡介紹一些，讀者可去查閱。

一、資功會網站 http://www.baus-ebs.org/main.html
　　此網站為著名旅美華人大德沈家楨居士等主持之美國佛教會電腦資訊庫功德會（EBS）於西元1994年成立，其中「藏經閣」包括華嚴、法華、淨土等八類經論專集，七部佛學辭典，一部中英、英漢佛學辭典，還有歷代高僧傳辭典。

二、國立台灣大學圖書館佛學數位圖書館暨博物館 http://ccbs.ntu.edu.tw
　　國立台灣大學數位人文研究中心主辦的網站，收入相當完整的中英文佛教文獻資料，使用也相當方便。

三、法門寺佛教網站 http://www.famensi.com
　　陝西扶風法門寺主辦的網站，主頁上收錄有許多佛教網站、寺院網站的連結，是比較方便的上網目錄。

四、中華佛典寶庫網站 http://www.fodian.net/index1.htm
　　中華佛典寶庫與廈門市南普陀寺（閩南佛學院）合作開發的網站，收入佛典分為大藏經和藏外佛典兩個部分，其中大藏經部分以《大正藏》和《卍續藏》為主，分部方法和經文編號完全採用《大正藏》和《卍續藏》的體例。佛典以GBK碼簡體和繁體兩種形式提供。單部經以GBK簡體形式提供下載，每卷以GBK繁體形式另行提供壓縮形式下載。另外，還包括巴利文三藏、藏文三藏和當代佛教文獻。

五、佛教城市網站 http://www.buddhismcity.net
　　關於佛教的一個綜合性網站，其中有不少關於普賢的資訊。

後記

跟許多人一樣，我也是不時候從《西遊記》故事裡知道有位騎著白象的普賢菩薩，如今人到中年，學佛也有好些年了，但從未想過會寫本關於普賢菩薩的書。

編輯某日來電話，遊說我寫冊關於普賢菩薩的書；見面之後，看了顏素慧小姐的《觀音小百科》，其深入淺出、舉重若輕、妙趣橫生，令人親近、令人讚歎，實是普及正信佛教的佳作，於是見賢思齊、奮勇隨喜。

「無上甚深微妙法，百千萬劫難遭遇，我今見聞得受持，願解如來真實義。」我們常見大乘佛教經典往往會在第一頁上赫然印著武則天所作的這首《開經偈》。此偈的意思是，生而為人非常難得，能見聞受持佛法更是非常大的因緣，所以必須珍惜，發心學習無上微妙的大乘佛法，志求成就無上正等正覺。普賢菩薩是踐行佛法的代表，普賢十大行願是學佛者的基本信念。普賢與觀音、文殊、地藏、彌勒等是在中國知名度最高的大菩薩，但許多讀者對普賢菩薩的瞭解卻很少。若有一冊像《觀音小百科》那樣雅俗共賞的書，讓人們更多地瞭解普賢菩薩，當是非常好的事情。

然而，接下來的工作卻頗費心思。流傳至今的佛教經典，《大正藏》的收錄中即有一百八十種左右的經典講到普賢菩薩，因此，關於普賢菩薩的這本書理應有料好寫，可是落到實處才發現，相比於觀音、文殊、地藏、彌勒等大菩薩，普賢菩薩的故事實在是少得有點不成比例。如何將普賢菩薩講得生動有趣，讓讀者諸君有興致看書呢？

基於信仰，基於然諾，「做了過河卒子，只好拚命向前。」於是有這本書奉獻給讀者諸君。本書內容包括介紹普賢在佛教中的身份、地位等信仰方面的事情，普賢信仰在中國的發展、普賢法門的修持等。因為普賢十大行願是普賢菩薩的核心意義所在，在佛教修學中具有十分重要的意義，且與當今中國佛教提倡的人間佛教頗有相通之處，所以特別進行了較多申述。

本書之成，我還要特別感謝中國政法大學俞學明教授、太原大學馮巧英教授提供了部分資料，感謝編輯小姐對初稿提出中肯的修改意見。

但願本書對有緣的讀者認識普賢菩薩能有所幫助，也願各位高明不吝賜教。

崔人元

國家圖書館出版品預行編目資料

普賢菩薩小百科／崔人元著.--二版.--臺北市：
橡樹林文化, 城邦文化出版：家庭傳媒城邦分
公司發行, 2019.01
128 面；19*26 公分（JM0007X）
ISBN 978-986-7884-88-6(平裝)
1. 菩薩

229.2   97016553

普賢菩薩小百科

作　　　者　崔人元
版 面 構 成　劉信宏

發 　行 　人　涂玉雲
主　　　編　張嘉芳
編　　　輯　李玲
業　　　務　顏宏紋
出　　　版　橡樹林文化
　　　　　　城邦文化事業股份有限公司
　　　　　　104 台北市中山區民生東路二段 141 號 2 樓
　　　　　　電話：（02）25007696　傳真：（02）25001951
發 　　　行　英屬蓋曼群島家庭傳媒股份有限公司城邦分公司
　　　　　　104 台北市中山區民生東路二段 141 號 2 樓
　　　　　　客服服務專線：（02）25007718；（02）25001991
　　　　　　24 小時傳真專線：（02）25001990；（02）25001991
　　　　　　服務時間：週一至週五上午 09:30-12:00；下午 13:30-17:00
　　　　　　劃撥帳號：19863813；戶名：書虫股份有限公司
　　　　　　讀者服務信箱：service@readingclub.com.tw
　　　　　　城邦讀書花園網址：www.cite.com.tw
香港發行所　城邦（香港）出版集團有限公司
　　　　　　香港灣仔駱克道 193 號東超商業中心 1 樓
　　　　　　電話：（852）25086231　傳真：（852）25789337
　　　　　　E-mail：hkcite@biznetvigator.com
馬新發行所　城邦（馬新）出版集團【Cité(M) Sdn.Bhd.（458372 U）】
　　　　　　41, Jalan Radin Anum, Bandar Baru Sri Petaling,
　　　　　　57000 Kuala Lumpur, Malaysia
　　　　　　電話：（603）90578822　傳真：（603）90576622

初 版 一 刷　2008 年 10 月
二 版 一 刷　2019 年 01 月
ISBN　　　　978-986-7884-88-6
定　　　價　420 元

城邦讀書花園
www.cite.com.tw